David Ensikat
Kleines Land, große Mauer

PIPER

Zu diesem Buch

David Ensikat, geboren und aufgewachsen im Ost-Berlin der siebziger und achtziger Jahre, erzählt die Geschichte der DDR auf unterhaltsame, leicht zugängliche Weise. Dabei begegnen wir dem eifrigen Funktionär ebenso wie dem regimekritischen Pfarrer, der aber heimlich für die Stasi arbeitet. Wir erfahren, wie man durch eine besondere Methode des »Zettelfaltens« eine Wahl mit sagenhaften 99 Prozent Zustimmung gewinnt, und wir lesen, wie die Geheimpolizei Menschen zum Verrat am besten Freund anstiftete, wie viele Beifallsarten es bei einem Parteitag gab, wie es zur »Kaffeekrise« kam – und warum eine empörte Verkäuferin dem Schüler David E. ins Hausaufgabenheft schrieb: Er benehme sich »unmöglich im Spielwarenladen«.

David Ensikat, geboren 1968 in Ostberlin, ist der Sohn des Theater- und Kabarettautors Peter Ensikat. Nach dem Abitur mußte er den 18monatigen Grundwehrdienst in der NVA ableisten, bevor er im Herbst 1989 ein einjähriges Kamera-Volontariat beim Fernsehen der DDR beginnen konnte. Er studierte in Berlin Publizistik und Geschichte und arbeitet heute als Redakteur beim Tagesspiegel.

David Ensikat

Kleines Land, große Mauer

Für alle, die die DDR nur aus dem Geschichtsbuch kennen

Mit 23 Abbildungen

Piper München Zürich

Mehr über unsere Autoren und Bücher:
www.piper.de

Mix
Produktgruppe aus vorbildlich bewirtschafteten
Wäldern und anderen kontrollierten Herkünften
www.fsc.org Zert.-Nr. GFA-COC-001223
© 1996 Forest Stewardship Council

Ungekürzte Taschenbuchausgabe
1. Auflage März 2009
2. Auflage März 2010
© 2007 Piper Verlag GmbH, München
Umschlag: semper smile, München
Umschlagfoto: blickwinkel/M. Popow und Getty Images/Martin Moos
Autorenfoto: Doris S. Klaas
Satz: Satz für Satz. Barbara Reischmann, Leutkirch
Papier: Munken Print von Arctic Paper Munkedals AB, Schweden
Druck und Bindung: CPI – Clausen & Bosse, Leck
Printed in Germany   ISBN 978-3-492-25369-7

Inhalt

Anhang

Der Eiertanz. Ein Vorwort

Das Land, in dem ich großgeworden bin, trug den irreführenden Namen »Deutsche Demokratische Republik«, kurz DDR. Deutsch war sie, diese DDR, das ganz bestimmt. Eine demokratische Republik war sie auf keinen Fall. Aber so schlimm fand ich das damals gar nicht. Ich hatte ein schönes Leben in dieser DDR, eine glückliche Kindheit, eine gute Jugend. Als die DDR 40 Jahre alt wurde, war ich 21. Es war das Jahr, in dem ich die ersten wirklich wichtigen Entscheidungen für mein Leben zu treffen hatte – und es war das Jahr, in dem sich diese DDR auf einmal so sehr veränderte, daß es sie kurz darauf überhaupt nicht mehr gab. Mir kam das sehr gelegen.

Ich wollte Kameramann werden und mußte dafür zunächst eine Art Lehre beim Fernsehen absolvieren, ein Volontariat. Es begann im September 1989, genau einen Monat, bevor es die ersten großen Demonstrationen gegen die Regierung der DDR gab. Noch ahnte niemand etwas vom nahen Ende des Staates. Wenn jemand behauptet hätte, die DDR würde es nur noch ein Jahr lang geben, man hätte ihn für verrückt erklärt. Dabei brodelte es bereits: Seit einigen Wochen gab es in den Nachrichten immer wieder Meldungen von Flüchtlingen, die das Land verließen. Es waren

Tausende, die nicht mehr in der DDR leben wollten. Die Meldungen sendete allerdings nicht das DDR-Fernsehen, sondern das des anderen deutschen Staates, der Bundesrepublik.

Im DDR-Fernsehen berichtete man grundsätzlich nicht über DDR-Probleme. Warum das so war, das sollte ich, junger Volontär, jetzt lernen. Das Fernsehen sei vor allem dazu da, die Menschen zu erziehen, so erzählten die Ausbilder. Und zwar zu »sozialistischen Menschen«, zu solchen also, die ihre DDR liebten und sich für Gerechtigkeit und Sozialismus einsetzten. Wenn Dinge in der Welt geschahen, die nicht so gut in diese Erziehung paßten, dann kamen sie im Fernsehen nicht vor. Man wollte die »sozialistischen Menschen« nicht durcheinanderbringen.

Alle Volontäre wußten von den DDR-Flüchtlingen und die Ausbilder natürlich auch. Denn alle guckten zu Hause auch die Sender der Bundesrepublik. Darüber sprach man allerdings im Unterricht nicht. Hier hieß es: Ein guter DDR-Bürger guckt nur DDR-Fernsehen. Und beim DDR-Fernsehen selbst – na, da arbeiten natürlich besonders gute DDR-Bürger. Andere hätten da nichts zu suchen.

Uns Volontären sagte man immer, wir sollten politische Diskussionen führen. Aber worüber sollten wir diskutieren? Wir hätten gerne über die Flüchtlinge gesprochen und darüber, ob es vielleicht doch klüger wäre, über sie im eigenen Fernsehen zu berichten. Aber dann hätten wir zugeben müssen, daß wir die falschen Sender gesehen hatten; woher sonst hätten wir erfahren können, daß es die Flüchtlinge überhaupt gab? Es war ein großer, dummer Eiertanz:

»Seid offen, diskutiert«, hieß es. Und außerdem: »Ihr müßt gute und treue DDR-Bürger sein!« Beides zusammen ging nicht.

Als Volontär mußte man vorsichtig sein. Wer zu kritisch und zu offen diskutierte, mußte damit rechnen, vor die Tür gesetzt zu werden. Das Volontariat war nicht nur eine Lehre, sondern auch so etwas wie ein Test: Ist dieser junge Mensch geeignet, für unser Fernsehen zu arbeiten? Mit anderen Worten: Ist er brav genug? Tag für Tag stand ich vor der Entscheidung, ob ich ehrlich über Dinge sprechen sollte, die ich nun mal wußte, oder ob ich lieber schwieg. Offenheit konnte bedeuten, nicht Kameramann werden zu dürfen.

Es war eine jener typischen Situationen, in die fast alle DDR-Menschen irgendwann in ihrem Leben gerieten: Brav sein, kuschen und in Ruhe gelassen werden – oder den Mund aufmachen, die Meinung sagen und damit das ruhige, geordnete Leben aufs Spiel setzen. Da ging es nicht um Leben oder Tod, es waren oft ganz lächerliche, kleine Probleme. Und doch entschied man sich hier ganz grundsätzlich: Worum geht es mir im Leben?

Daß ich mich dafür entschied, den Mund aufzumachen, lag nicht daran, daß ich ein besonders mutiger Mensch gewesen wäre. Viel wichtiger: Ich war nicht allein. Von 30 Fernseh-Volontären waren wir fünf, die zugaben, daß sie im Westfernsehen von den Flüchtlingen erfahren hatten. Wenn ich allein gewesen wäre, wenn keiner der anderen sich getraut hätte, über die Sache zu sprechen – ich hätte auch den Mund gehalten. Ich wollte Kameramann werden und kein Held!

Nun aber begann tatsächlich eine politische Diskussion, und unsere Ausbilder sahen dabei nicht gut aus. Sie wußten ja, worum es ging, aber woher sie das wußten, das durften sie nicht zugeben. Am Ende der Schulungswoche sahen die Volontäre und die Ausbilder gemeinsam die Nachrichten des Westfernsehens und danach die des DDR-Fernsehens und sprachen über die eigenen Fehler. Das erscheint einem heute lächerlich, aber unter den damaligen Verhältnissen war es ein kleiner Umsturz. Er fand genau zu jener Zeit statt, in der das gesamte DDR-System ins Wanken geriet. Einen Monat früher wäre so etwas nicht denkbar gewesen. Wir fünf ungehorsamen Volontäre hätten uns wahrscheinlich nach einer anderen Ausbildung umsehen müssen.

Tatsächlich geschah etwas ganz anderes: Ein paar Monate später mußten sich unsere Ausbilder vom DDR-Fernsehen nach anderen Jobs umsehen. Die ganze DDR und mit ihr das DDR-Fernsehen gab es nicht mehr lange. Das alte System verschwand so schnell, daß man sich wunderte, wie lange es gehalten hatte.

Was aber war das für ein System? Was für ein Staat war da verschwunden? Wer die DDR erlebt hat, erinnert sich noch gut an sie. Obwohl es sie schon seit so vielen Jahren nicht mehr gibt. Die Leute erinnern sich an diese Situationen, in denen sie sich entscheiden mußten, ob sie brav sein wollten oder nicht, sie erinnern sich daran, was sie alles *nicht* durften und was es alles *nicht* zu kaufen gab in ihrem Land. Die meisten sagen: »Gut, daß wir jetzt in einem anderen Land leben.«

Und dennoch diskutieren sie. Vieles an dieser »Deutschen Demokratischen Republik« war ja gar nicht falsch, viele Leute haben sich damals wohl gefühlt. Es gibt einige, denen es besser ging als jetzt.

Die DDR wollte ein besonders gerechtes Land sein, gerechter als die Bundesrepublik. Niemand sollte arm und niemand reich sein. Was sollte daran falsch sein? Was hat daran nicht funktioniert? Darum soll es in diesem Buch gehen. Es wird erzählt, warum es die DDR überhaupt gab, warum nach dem Zweiten Weltkrieg zwei deutsche Staaten entstanden. Es geht um die Idee vom Sozialismus, also von der gerechten Welt, die in der DDR aufgebaut werden sollte. Und schließlich wird erzählt, wie die Leute in diesem Land gelebt haben. Warum sie sich so viel haben gefallen lassen, und warum es irgendwann doch nicht mehr weiterging.

Vieles davon klingt heute merkwürdig, wie aus einer Zeit, die weit zurückliegt. So lange ist das aber alles gar nicht her. Die Menschen damals waren nicht anders als die Menschen heute. Es gab und gibt mutige und feige, sehr viele, die ein bequemes Leben wollen, und wenige, die für ein besseres Leben große Risiken eingehen. Die Menschen haben sich nicht geändert. Vielleicht haben sie durch die Geschichte der DDR ein bißchen dazugelernt, zum Beispiel, daß man andere Leute nicht zu ihrem Glück zwingen kann, oder daß, wer eine große Idee in der Wirklichkeit ausprobiert, dabei auch große Fehler machen kann.

Ich bin übrigens kein Kameramann geworden. Das lag aber nicht daran, daß man mir das verboten hätte. Die großen Verbieter hatten ja auf einmal nichts mehr zu sagen. Ich bin kein Kameramann geworden, weil ich plötzlich alles werden konnte. Mit dem Ende der DDR kam die große Freiheit – und da mußte ich erst mal sehen, was es sonst noch so gab.

Sozialismus – Kapitalismus
oder: **Warum das Bessere nicht immer besser ist**

Vor der Geschichte der DDR steht die Geschichte einer Idee. Ohne sie hätte es das Land nicht gegeben. Es ist die Idee von der gerechten Welt, die Idee des Sozialismus.

Es geht dabei um die Art und Weise, wie die Menschen mit dem Eigentum umgehen: Bodenschätze, Fabriken, Grund und Boden – wer darf was besitzen? Sozialismus heißt: Allen Menschen muß alles gehören, es darf nicht ein paar besonders reiche Leute geben und viele arme. Die Regierung muß sich darum kümmern, daß alle gleich viel besitzen, daß es gerecht zugeht.

Der Begriff »Sozialismus« kommt vom lateinischen Wort *socialis*. Das heißt soviel wie »gemeinschaftlich«. Es sollte nicht zuerst um den Einzelnen gehen, sondern um die Gemeinschaft. Die DDR sollte ein sozialistisches Land sein.

Das ist auch schon der wichtigste Unterschied zur Bundesrepublik, die ein kapitalistisches Land ist. So wie inzwischen fast alle anderen Länder auf der Welt auch. Das Wort »Kapitalismus« kommt von »Kapital«, was soviel wie »Geld« oder »Vermögen« bedeutet.

Im Kapitalismus geht es nicht darum, daß alle gleich viel haben. Wie der Reichtum eines Landes verteilt ist, das regelt sich im Kapitalismus von ganz allein. Die Regierung soll sich da nicht einmischen. Wer mehr Geld hat, hat es besser, wer weniger hat, muß mit weniger auskommen. Oder er muß sich mehr anstrengen, damit er mehr verdient. Daß es Reiche und Arme gibt, ist im Kapitalismus selbstverständlich. Die Menschen sind eben unterschiedlich.

Kapitalismus gibt es auf der Welt seit etwa 500 Jahren. Die Idee des Sozialismus ist viel jünger. Sie kam vor etwa 150 Jahren auf, immerhin 100 Jahre, bevor die DDR entstand.

Damals waren die Arbeiter in den kapitalistischen Ländern unglaublich arm, viel ärmer als heute. Deshalb haben sich ein paar Leute überlegt, wie man das Zusammenleben gerechter organisieren könnte.

Sie kamen auf die Idee, der sie den Namen »Sozialismus« gaben. Sie sagten: Daß es Armut und Reichtum nebeneinander gibt, ist ungerecht. Die Ungerechtigkeit rührt daher, daß einige Menschen großen Besitz haben, eine Fabrik zum Beispiel, in der sie die Arbeiter für wenig Geld für sich schuften lassen. Sie »beuten« die Arbeiter »aus«. Man müßte den »Ausbeutern« die Fabriken wegnehmen und sie den Arbeitern geben. Dann würde das Geld, das die Fabrik verdient, unter allen Arbeitern verteilt. Das wäre gerecht. Das wäre Sozialismus.

Die Idee klang so gut, so logisch und einfach, daß in den folgenden Jahren überall auf der Welt etliche Leute sich entschieden, für den Sozialismus zu kämpfen. Überall entstanden sozialistische Parteien, die den Kapitalismus abschaffen und eine gerechte Welt ohne Ausbeutung und Armut errichten wollten.

Und alle machen mit! Berlin Alexanderplatz, 1986.

Die Sowjetunion war das erste Land, in dem man versucht hat, den Sozialismus zu verwirklichen. Es begann im Jahr 1917, 32 Jahre bevor die DDR entstand.

In Deutschland kamen 1933 die Nazis an die Macht mit Adolf Hitler, ihrem »Führer«. Nazis – das ist das kurze Wort für »Nationalsozialisten«. Waren also auch die Nazis Sozialisten? War Deutschland seit 1933 ein sozialistisches Land? Nein, das war es ganz und gar nicht. Die Nazis taten nur so, als würden sie ein gerechteres System aufbauen, als seien sie gegen den Kapitalismus. Tatsächlich behielten die Fabrikbesitzer ihre Fabriken, und die Arbeiter arbeiteten weiter für sie.

Der Nationalsozialismus war ein wahnsinniges System, das in den Krieg führte. Denn die Nazis meinten, die Deutschen seien das beste und stärkste Volk der Welt, das andere beherrschen müsse. Als sie den Krieg verloren, wurde den Deutschen klar, daß das ein furchtbarer Irrtum gewesen war.

Was sollte man nun tun? Was war der sicherste Weg, daß nie wieder ein Krieg ausbrechen würde, daß Irrsinnige wie Adolf Hitler und die Nazis keine Chance hätten, noch einmal einen Krieg zu beginnen?

Viele meinten, die Nazis seien nur an die Macht gekommen, weil das System ein kapitalistisches war. Im Sozialismus könne so etwas nicht passieren. Und so waren jetzt, wenige Jahre nach dem Krieg, viele Menschen einverstanden, als es hieß: »In der DDR bauen wir den Sozialismus auf.« Die wichtigste Partei der DDR war die »*Sozialistische* Einheitspartei Deutschlands«, kurz SED. Sie sollte das Land regieren.

Daß es im Sozialismus keine Nazis und keinen Krieg mehr geben würde, das war das eine. Zum anderen sollte es hier den meisten Menschen, vor allem den Arbeitern, besser gehen als den Arbeitern in den kapitalistischen Ländern. Sie würden schließlich nicht mehr ausgebeutet werden.

So einfach war das aber nicht. Es ist ja so leicht gesagt: Im Sozialismus gehört allen alles, den Arbeitern gehören die Fabriken. Wie soll das überhaupt funktionieren? Nimmt Herr Müller, der in der Fabrik an der Drehmaschine Kerzenleuchter herstellt, seine Drehmaschine und alle Kerzenleuchter nach Feierabend mit nach Hause? Natürlich nicht. In der DDR gehörten die Betriebe nicht wirklich den Arbeitern, sondern dem Staat. Aber wer ist der Staat? Letztlich sind das auch nur Leute, die in irgendwelchen Büros sitzen und zuständig sind für bestimmte Dinge, zum Beispiel für die Fabrik, in der Herr Müller arbeitet. Diese Leute müssen sich darum kümmern, daß Herr Müller an der Drehmaschine immer ein Stück Stahl zum Drehen hat und daß die Kerzenleuchter, die er daraus macht, irgendwo verkauft werden. Vom Geld, das mit den Kerzenleuchtern verdient wird, bekommt Herr Müller nur ein kleines bißchen, eben seinen Arbeitslohn. Den Rest bekommt der Staat, und der kann dafür Schulen bauen, neue Fabriken oder Wohnungen.

Klingt kompliziert? Ist es auch! Es ist so kompliziert, daß immer wieder etwas schiefgegangen ist. In vielen kapitalistischen Ländern bekamen die Arbeiter von ihren Fabrikbesitzern mehr Geld als Herr Müller von seinem Staat. Der ganze Sozialismus war schön ausgedacht, aber funktioniert hat er nicht so gut.

Zwar mußte niemand hungern, und mit den Jahren haben die Leute auch besser verdient. Aber in den benachbarten kapitalistischen Ländern verdienten sie stets noch mehr.

Etwas vereinfacht ausgedrückt, lag das daran: Wer eine Fabrik besitzt, der wird alles daran setzen, daß seine Fabrik erfolgreich arbeitet. Je besser es in der Fabrik läuft, desto mehr Geld verdient der Besitzer – und desto mehr Geld kann er den Leuten auszahlen, die für ihn arbeiten. Er möchte sie schließlich in seinem Betrieb halten. So haben alle etwas davon, wenn die Fabrik gut wirtschaftet.

Im Sozialismus dagegen regeln Staatsangestellte die Fabrikangelegenheiten, und sie haben gar nichts davon, wenn es in der Fabrik besser oder schlechter läuft. Vielleicht be-

kommen sie mal einen Orden angeheftet, oder ein Parteichef drückt ihnen warm die Hand.

Im Kapitalismus verdienen die Leute sehr unterschiedlich. Damit sie mehr verdienen, strengen sie sich auch mehr
an. Im Sozialismus sind die Unterschiede nicht so groß.
Und wer strengt sich schon an, wenn er davon gar nichts
hat?

In der sozialistischen DDR hieß es immer: Wer besonders gut und viel arbeitet, der tut Gutes für den Staat und
für den Sozialismus. »So wie wir heute arbeiten, werden
wir morgen leben.« Morgen, immer hieß es morgen! Man
kann sich vorstellen, daß mit den Jahren immer weniger
Leute an dieses »Morgen« glaubten. Jemand, der jetzt mehr
arbeitet, will jetzt mehr Geld dafür.

Übrigens galt der Sozialismus in der DDR nicht nur für
die Fabrikarbeiter in den Städten. Der Sozialismus galt auch
auf dem Lande, bei den Bauern. Früher gehörten die Getrei-
defelder und die Viehställe einzelnen Bauern, die größten
Felder und Ställe gehörten reichen Großbauern. Nach und
nach mußten in der DDR die meisten Bauern ihre Felder
und Ställe abgeben, denn auch hier sollte allen alles gehören. Es entstanden große Landbetriebe, in denen jetzt alle
Bauern gemeinsam arbeiten mußten. Ist ja eigentlich gerecht, wenn nicht der eine Bauer ein Riesenfeld hat und der
daneben nur ein winziges. Und praktisch war das auch: Alle
sollten zusammen immer dort arbeiten, wo es gerade was
zu tun gab. Viele Bauern, vor allem die, die früher keine eigenen oder nur kleine Felder hatten, waren einverstanden mit
dem Sozialismus. Andere überhaupt nicht. Wer findet es

schon gut, wenn ihm etwas weggenommen wird und es heißt: Das ist jetzt für alle da?

Es ist wohl wahr: Der Sozialismus war in gewissem Sinne ein gerechtes System. Es gab in der DDR keine ausgesprochen reichen Leute, und nach ein paar Jahren gab es auch keine wirklich armen mehr. Es hat sich alles auf ein Mittelmaß zubewegt. Darin hatte jeder sein Auskommen, doch niemand konnte ihm entkommen.

Weil die Fabriken und Felder angeblich den Arbeitern und Bauern gehörten, nannte sich die DDR »Arbeiter- und Bauernstaat«. Den meisten Arbeitern und Bauern war der Name aber ganz egal. Sie wollten ein gutes Leben, wenn möglich ein immer besseres; ob mit Sozialismus oder ohne. Wenn es mit dem Sozialismus besser geklappt hätte als mit dem Kapitalismus im Westen, wenn es in der DDR bessere Autos, bessere Fernseher und bessere Lebensmittel als in der Bundesrepublik gegeben hätte, dann wären die meisten Leute überzeugt gewesen, daß der Sozialismus eine prima Sache ist. Aber so war es nicht.

Sozialismus in der DDR war immer wie ein großes Versprechen: Morgen wird alles besser! Wartet ab und arbeitet! Zu diesem Versprechen gehörte der Traum vom Kommunismus. Wenn der Sozialismus erst so richtig funktioniert, so hieß es, dann folgt darauf der Kommunismus. Den muß man sich wie das Paradies vorstellen: Im Kommunismus würde es überhaupt keine Unterschiede mehr zwischen den Menschen geben, jeder sollte alles haben, was er braucht, alles würde allen gemeinsam gehören. »Kommunismus« kommt vom lateinischen *communis*, was, ähnlich wie *socialis,* »gemeinsam«, »gemeinschaftlich« bedeutet. Die Leute, die den Traum vom Kommunismus ernst nahmen, waren bereit, einen hohen Preis zu zahlen, damit er Wirklichkeit wird. Es war ja wirklich ein sehr schöner Traum.

Karl Marx (1818–1883)

Karl Marx starb 66 Jahre, bevor die DDR entstand. Aber in der DDR war er ein Superstar. Es gab sogar eine nach ihm benannte Stadt: Karl-Marx-Stadt. Und in jeder anderen Stadt gab es mindestens eine Karl-Marx-Straße. Jedes Kind kannte sein Bild. Darauf sah er aus, wie man sich den lieben Gott vorstellt: rundes Gesicht, finster-ernster Blick, lange weiße Haare, riesiger weißer Bart. In der Schule lernte man, daß dies die wichtigste Person der Weltgeschichte sei. Wichtiger als der liebe Gott allemal, denn den hat es sowieso nie gegeben. Gott war nur eine Idee der Menschen. Den Menschen Karl Marx aber hatte es wirklich gegeben. Er hatte Ideen, die die Idee vom lieben Gott überflüssig machen sollten.

Karl Marx war ein Wissenschaftler. Er betrachtete die Welt um sich herum, er sah, wie alles funktionierte, warum manche Menschen viel Geld haben und andere wenig, warum die einen Fabriken besitzen und die anderen darin schuften. Er sah, daß die Welt ungerecht war, und er überlegte, wie man sie verändern könnte. Er sagte, die Menschen dürften nicht auf den lieben Gott hoffen. Um die Gerechtigkeit müßten sie sich schon selbst kümmern. Sie müßten den *Kapitalismus* beseitigen und zunächst den *Sozialismus* und dann den *Kommunismus* aufbauen.

So gut wie Karl Marx den Kapitalismus beschrieb, hatte das zuvor noch niemand getan. Vieles von dem, was er über die Wirtschaft und das Geld geschrieben hat, gilt noch heute. Doch wie der Sozialismus funktionieren würde, das konnte er nicht so genau sagen. Den gab es ja noch nicht. Immerhin, er sagte, daß der Sozialismus den Kapitalismus eines Tages ablösen werde, das sei eine ganz natürliche Entwicklung. Auf die Ungerechtigkeit müsse nun mal die Gerechtigkeit folgen.

Für die Sozialisten nach Karl Marx war das eine prima Sache. Auch für die in der DDR. Sie konnten sagen:»Der kluge Karl Marx hat gesagt, daß der Sozialismus siegen *muß*. Das, was wir wollen, ist also mehr als nur eine gute Idee. Wir erfüllen das, was ohnehin geschehen wird.« Karl Marx war für sie so etwas wie ein allmächtiger Prophet. In allen sozialistischen Ländern bauten sie große Denkmäler für den klugen Mann mit dem großen Bart.

Karl Marx selbst war übrigens recht arm. Mit den Büchern, die er schrieb, veränderte er zwar die Welt, aber viel Geld verdiente er damit nicht. Er hatte einen reichen Freund, Friedrich Engels, der gab ihm Geld. Woher der das hatte? Nun, er hatte eine Fabrik von seinem Vater geerbt und diese verkauft. Er war ein reicher Mann, wenn man so will: ein Kapitalist. Nebenher war er aber auch Sozialist und schrieb ebenfalls sehr kluge Bücher darüber, wie ungerecht der Kapitalismus ist.

Der Anfang
oder: **Warum die DDR nur ein halbes Land war**

Es ist das Jahr 1945, in vier Jahren, 1949, wird die DDR gegründet. Der Zweite Weltkrieg ist gerade zu Ende, die Deutschen haben ihn begonnen, und sie haben ihn verloren. Die Sieger des Krieges sind die Sowjetunion, Frankreich, England und die USA. Mit ihren Armeen haben sie Deutschland besetzt, man nennt sie die »Besatzungsmächte«. Die alte Nazi-Regierung, die Schuld war am Krieg, gibt es nicht mehr, Hitler ist tot. Wie soll es weitergehen? Was soll aus den Deutschen werden?

Die Besatzungsmächte sind sich darüber noch gar nicht einig. Sie teilen erst einmal das Land unter sich auf. So entstehen in Deutschland die vier »Besatzungszonen«, die amerikanische, die englische und die französische im Westen – und im Osten die sowjetische. Bis die Deutschen sich wieder selbst regieren, soll zunächst etwas Zeit vergehen, da sind sich die Besatzungsmächte einig. Wie sie sich regieren sollen, darüber gibt es unterschiedliche Auffassungen. Die westlichen Besatzungsmächte sind kapitalistische Demokratien, aus ihren Besatzungszonen wird vier Jahre später die kapitalistische, demokratische Bundesrepublik Deutschland entstehen. Die Besatzungsmacht im Osten, die Sowjetunion, ist ein sozialistisches Land, das von einer einzigen, sozialistischen Partei regiert wird – und so ein Land soll auch aus ihrem Teil Deutschlands werden. Dort entsteht im Jahr 1949 die DDR.

Die Zeit nach dem Zweiten Weltkrieg war für die Deutschen eine schwere Zeit. Ihr Land war zerstört, die großen Städte lagen in Schutt und Asche. Alles mußte wieder aufgebaut werden. Und sie wußten, daß sie an dem Unheil selbst schuld waren. Sie hatten die Nazis an die Macht gebracht, sie hatten der Hitler-Regierung zugejubelt, die deutsche Armee hatte die anderen Länder überfallen.

Nun mußten die Deutschen einen großen Teil ihrer östlichen Gebiete an die Sowjetunion und an Polen abgeben. Von hier kamen Millionen deutscher Flüchtlinge in die Besatzungszonen: Menschen, denen nichts geblieben war außer den Dingen, die sie auf der Flucht hatten mitnehmen können. Außerdem mußten die Deutschen an die Siegermächte sogenannte Reparationen leisten. »Reparation« heißt soviel wie Wiedergutmachung. Es wurden ganze Fabriken abgebaut und aus den Besatzungszonen fortgeschafft. Vor allem in der sowjetischen Zone mußten die Deutschen mit ansehen, wie Eisenbahngleise abgebaut und komplette Industrieanlagen beschlagnahmt wurden. Tatsächlich hatte die Sowjetunion im Krieg einen viel größeren Schaden erlitten als die westlichen Länder.

Deshalb hatte es der östliche Teil Deutschlands, der zur DDR wurde, nach dem Krieg besonders schwer. Hier mußten neben den Städten und Betrieben, die durch die Kriegsbomben zerstört worden waren, auch noch die fortgeschafften Fabriken und Bahnstrecken neu aufgebaut werden.

Auferstanden aus Ruinen. Geschwister auf dem Schulweg durchs zerstörte Berlin, 1947.

Bis ins Jahr 1953 mußten die Ostdeutschen außerdem noch sehr viel Geld an die Sowjetunion zahlen.

Viele empfanden das als ungerecht – zumal wenn sie sahen, wie es den Westdeutschen erging: Seit 1948 *bekamen* diese Geld und Waren, um ihre Wirtschaft wiederaufzubauen. Sie hatten einfach Glück: Die Amerikaner hatten kaum Schäden im Krieg erlitten, und ihnen war es jetzt wichtig, daß Westdeutschland wie auch die anderen westeuropäischen Länder sich schnell vom Krieg erholten. Vergleicht man Ost- und Westdeutschland, waren die Lasten des Krieges ungleich verteilt. Dennoch: Gemessen daran, was die deutsche Armee im Zweiten Weltkrieg in der Sowjetunion angerichtet hatte, waren die Reparationen, die die Sowjetunion verlangte, alles andere als ungerecht.

Daß es zwischen 1945 und 1990 kein ganzes Deutschland gab, sondern zwei deutsche Staaten, war also eine Folge des Zweiten Weltkrieges. Die deutsche Teilung kann man als eine Strafe betrachten dafür, daß die Deutschen diesen Krieg begonnen hatten. Der eigentliche Grund war aber die Uneinigkeit der Besatzungsmächte. Daß die beiden deutschen Staaten, die DDR und die Bundesrepublik, sich so unterschiedlich entwickelten, lag an der ungleichen Aufteilung in Ost und West. Die Westdeutschen hatten Glück mit ihren Besatzungsmächten: Das waren demokratische Länder, sie hatten nicht so große Kriegsschäden erlitten wie die Sowjetunion und verlangten daher viel geringere Wiedergutmachungszahlungen. Und mit den USA hatte die Bundesrepublik einen starken Partner, der half, die Wirtschaft schnell wieder aufzubauen. Das taten die Amerikaner übrigens nicht, weil ihnen die Westdeutschen so sympathisch waren. Sie brauchten einfach einen starken Verbündeten und einen guten Handelspartner in Europa.

In Ostdeutschland bestimmte dagegen die Sowjetunion, wo es langging. Das war für das Land nicht nur viel teurer, politisch war es auch verhängnisvoll: Es entstand eine Diktatur. Das Volk konnte sich seine Regierung nicht aussuchen.

Und dennoch gab es etliche kluge Leute, die meinten, im Osten Deutschlands entstehe das bessere Land. Der Nationalsozialismus war so verbrecherisch, der Krieg so schrecklich gewesen, daß sie meinten: »Jetzt muß alles völlig anders werden! Nur ein sozialistischer Staat kann verhindern, daß so etwas noch einmal geschieht.« Viele Sozialisten, die in der DDR regierten, hatten gegen die Nazis gekämpft. Denen glaubte man, daß sie ein friedliches und gerechtes Land aufbauen wollten.

Der Held
Adolf Hennecke (1905–1975)

Er war weder groß noch besonders muskulös, eher klein und schmal. Dennoch war er ein Held der DDR. Die meisten kannten ihn nur mit freiem Oberköper und mit schwarzem Dreck auf der Haut.

Man kannte dieses eine Bild, darauf ist er nur mit einer Hose bekleidet, das Gesicht kohlenrußverschmiert. Er steht im Bergschacht und hält den Bohrhammer wie ein Gewehr. Adolf Hennecke war Kohlekumpel, er hämmerte mit seiner schweren Maschine tief unter der Erde die Kohle von den Wänden. Außerdem war er Mitglied der Sozialistenpartei.

Im Oktober 1948 suchten die Wirtschaftsfunktionäre einen Mann, der Held werden wollte. Sie brauchten ein Vorbild für alle Arbeiter des Landes. Adolf Hennecke sagte: »Klar, mach' ich doch!«, bekam die besten Werkzeuge und eine Stelle zugewiesen, an der man besonders schnell die Kohle abbauen konnte. Er hämmerte acht Stunden lang, machte keine Pause und hatte zum Schluß viermal soviel geschafft, wie ein normaler Arbeiter eigentlich in dieser Zeit schaffen sollte.

Jetzt war er ein Vorbild – so stand es jedenfalls an den nächsten Tagen in allen Zeitungen. An Adolf Hennecke sollten sich alle ein Beispiel nehmen: Dem war es egal, wieviel man arbeiten *mußte*, der arbeitete von sich aus, soviel er konnte. Ein echter Sozialist!

Für seine Kollegen aber war er ein »Normbrecher«, also einer, der gezeigt hatte, daß man im Kohleschacht viel härter arbeiten konnte, als sie das bisher getan hatten. Wer will sich schon sagen lassen: »Ist ja schön und gut, was du heute geschafft hast. Aber beim Hennecke war das viermal soviel!« Sie bekamen nicht mehr Geld für ihre Arbeit, sollten sich jetzt aber viel mehr anstrengen.

Der Bergmann Adolf Hennecke wurde später Funktionär in der »Staatlichen Plankommission«. Die Plankommission war jene Behörde in Berlin, die für die Betriebe im ganzen Land festlegte, was und wieviel sie herstellen mußten. Ob Hennecke nicht nur viermal soviel Kohle hauen sondern auch viermal bessere Pläne schmieden konnte wie die anderen, ist nicht bekannt geworden.

Durch diesen einen, gut vorbereiteten Arbeitstag ist Adolf Hennecke berühmt geworden. Sogar in den Schulbüchern feierten sie ihn als großes Vorbild. Wenn es stark regnete, sagte man: »Es gießt wie Hennecke«, wenn jemand schnell lief: »Der rennt wie Hennecke.«

Die Regierung und das Volk
oder: Wer hat hier überhaupt das Sagen?

Das Jahr 1953, die DDR ist fast vier Jahre alt. Berlin ist die Hauptstadt, hier sitzt die Regierung. Viele Jahre zuvor hatte in Berlin der deutsche Kaiser regiert, natürlich in einem großen Schloß, mitten in der Stadt. Das Schloß gibt es nicht mehr: Im Krieg ist es von Bomben schwer beschädigt worden, und nach dem Krieg sagte die neue DDR-Regierung: »Wozu brauchen wir ein Schloß? Mit dem Kaiser haben wir nichts zu tun, also reparieren wir es nicht, sondern reißen es ganz ab.« Wo das Kaiserschloß gestanden hatte, blieb ein riesengroßer, leerer Platz übrig.

Auf diesem Platz stand am 1. Mai 1953 eine mächtige Holzbühne, und auf dieser Holzbühne standen die wichtigsten Männer der DDR. Da lächelte und winkte die Regierung dem Volk zu. Und das Volk marschierte an der Tribüne vorbei und winkte brav zurück.

Das war schon eine merkwürdige Sache in der DDR: diese Demonstrationen. Jedes Jahr gab es mindestens drei davon, und es war nicht so wie heute, daß man *gegen* irgend etwas demonstriert hätte, zum Beispiel gegen die Politik der Regierung. In der DDR wurde immer *für* etwas demonstriert, vor allem für die Politik der Regierung. Die Regierung selbst bestimmte, wann und wo demonstriert wurde, und erstaunlich viele Menschen sind da auch hingegangen.

Am 1. Mai gab es immer die größten Demonstrationen, denn der 1. Mai war – und ist es immer noch – auf der ganzen Welt der »Tag der Arbeit«. Weil die DDR, wie es hieß, ein Land der Arbeiter war, also ein Land, in dem angeblich die Arbeiter regierten, war dies ein besonders wichtiger Feiertag. In allen Städten marschierten die Leute an Tribünen vorbei, um mit Fahnen oder Blumen ihren Herrschern zuzuwinken.

Wer hatte hier eigentlich die Macht? Die Arbeiter da unten, oder die Regierung da oben?

Es hieß: Die Regierung macht genau das, was für die Arbeiter am besten ist, und weil die Arbeiter das wissen, kommen sie alle am 1. Mai und winken. Komisch nur, daß man den Arbeitern vor dem 1. Mai drohen mußte: »Leute, geht da hin und winkt! Wer das nicht tut, bekommt Ärger.«

In der DDR gab es auch eine Menge Leute, die tatsächlich meinten, daß die Regierung immer genau das Richtige tue und daß die DDR ein wunderbares Land sei. Diese Leute gingen gerne demonstrieren. Auch weil es ihnen gefiel, mal die wichtigsten Leute des Landes aus der Nähe anzuschauen.

Am 1. Mai 1953 marschierten fast eine Million Leute über den Platz, auf dem einmal das Kaiserschloß gestanden hatte. Eine Million! Es hat ziemlich lange gedauert, bis die alle an der Tribüne vorbei waren. Sie winkten der Regierung zu und riefen »Hoch! Hoch! Hoch! Unsere Regierung lebe hoch!«

Auf der Tribüne lächelten und winkten sie stundenlang

zurück, das muß unglaublich anstrengend gewesen sein. Sie taten es, weil sie sich ganz sicher waren: »Die Leute da unten mögen uns. Wir tun genau das Richtige fürs Volk. Unsere DDR ist ein Spitzenland, und alles wird noch besser.«

Alles wird besser? Nun, ganz falsch war das nicht. Denn vier Jahre zuvor, im ersten Jahr der DDR, war alles so schlimm gewesen, daß es eigentlich nur besser werden konnte. Der Krieg war noch nicht lange vorbei, Städte und Fabriken waren zerstört. Alles mußte wiederaufgebaut werden. Es gab nicht genug zu essen, alle mußten hart arbeiten und bekamen nur wenig Geld dafür. Weil die Leute so hart arbeiteten, wurde das Leben langsam besser – aber eben nur langsam.

Das bemerkte auch die Regierung, und sie sagte: »Das muß schneller gehen! Wir wollen eine schöne, starke DDR, in der es allen Leuten gutgeht, und zwar sofort!« Im Frühjahr 1953, kurz nach der großen Mai-Demonstration, hieß es, alle Leute müßten noch härter arbeiten. Die Bauarbeiter zum Beispiel sollten die Häuser schneller bauen, dann würde es bald genug Wohnungen für alle geben. Man ließ die Bauarbeiter wissen: »Mehr Geld können wir euch nicht bezahlen, aber ihr müßt trotzdem schneller arbeiten. Dann gibt es bald mehr Wohnungen.«

Die Bauarbeiter dachten: »Wir arbeiten jetzt schon hart und bekommen viel zuwenig Geld dafür, und nun sollen wir noch mehr arbeiten?«

In Berlin gab es eine besonders große Baustelle. Da wurde eine ganze Straße, die Stalinallee, mit neuen Häusern aufgebaut. Besonders prächtige Häuser sollten das sein mit

Unerhört! Proletarier demonstrieren am
17. Juni 1953 gegen die Diktatur des Proletariats.

großen Wohnungen, in die die besten Arbeiter der Stadt
einziehen sollten. Die Baustelle war für die Regierung sehr
wichtig. Sie war so etwas wie ein Werbeplakat. Alle sollten
sehen: Hier bauen fleißige Arbeiter die schönsten Häuser
für die fleißigsten Arbeiter. So läuft das in der DDR, denn die
DDR ist ein Land der Arbeiter.

Ausgerechnet auf dieser Baustelle begann am 16. Juni
1953 ein Aufstand gegen die Regierung. Nachdem die Bauarbeiter der Stalinallee erfahren hatten, was die Regierung
von ihnen verlangte, hörten sie auf zu arbeiten und begannen, laut zu protestierten. Sie streikten.

Und dann taten sie noch etwas Unerhörtes: Sie demonstrierten *gegen* die Regierung. So etwas hatte es in der DDR

noch nie gegeben! Da demonstrierte man doch immer *für* die Regierung.

Am Anfang hatten die Arbeiter nur dagegen protestiert, daß sie mehr arbeiten sollten, sehr schnell aber wurden ihre Forderungen gefährlicher: »Wir wollen eine andere Regierung!« »Wir wollen selbst bestimmen, wer uns regiert!«

Die Sache war so unerhört, daß sie sich rasend schnell im ganzen Land herumsprach. Außerdem sendeten es alle westdeutschen Radiostationen, die man auch in der DDR empfangen konnte: In Ost-Berlin demonstrieren sie gegen die Regierung! Und weil es im ganzen Land jede Menge unzufriedene Leute gab, die sich eine andere Regierung wünschten, demonstrierten am nächsten Tag, also am 17. Juni 1953, in vielen Städten der DDR die Leute. Und anders als am 1. Mai schwenkten sie keine bunten Fähnchen und riefen nicht »Hoch lebe die Regierung!« Sie schwenkten wütend ihre Fäuste und riefen: »Nieder mit der Regierung!«

Was macht da eine Regierung, die meint, sie habe immer alles richtig gemacht, sie sei doch für die Arbeiter da? Was macht eine Regierung, die ein paar Wochen zuvor, am 1. Mai, noch auf der Tribüne gestanden hatte, wo ihr eine Million Leute zugewinkt hatten?

So eine Regierung sagt: »Die da jetzt gegen uns demonstrieren, das sind gar nicht so viele. Das sind nur ein paar Ahnungslose, denen man mal erklären muß, was gut für sie ist und was nicht. Wir sind die richtige Regierung und basta! Wir verbieten die Demonstrationen, die Polizei soll dafür sorgen, daß die Leute wieder nach Hause gehen!«

Inzwischen waren aber so viele Leute auf den Straßen,

daß die Polizei der DDR nicht ausreichte, sie alle nach Hause zu schicken. Die Regierenden bekamen Angst vor ihrem eigenen Volk. Deshalb baten sie die Regierung der Sowjetunion um Hilfe.

Die Sowjetunion war der große Freund der Regierung, »der große Bruder«. Und sie hatte noch immer viele Soldaten und Panzer in der DDR – sicher ist sicher. Die sowjetische Regierung konnte es nicht zulassen, daß die DDR-Regierung vom Volk gestürzt wurde. Es war schließlich eine Regierung, die stets das tat, was »der große Bruder« ihr empfahl. Deshalb erhielten die sowjetischen Soldaten den Befehl, den Aufstand niederzuschlagen.

Am 17. Juni 1953 standen in Berlin und in vielen anderen Städten auf einmal sowjetische Panzer auf den Straßen. Den Demonstranten war sehr schnell klar, daß sie besser nach Hause gehen sollten. Wer auf der Straße blieb, wurde verhaftet, Hunderte landeten im Gefängnis, einige wurden sogar erschossen.

Am Abend des 17. Juni 1953 war es still in der DDR. Die Leute wußten jetzt: Wir haben hier nichts zu melden, die Regierung tut, was sie will. Wem es hier nicht gefällt, der muß sich trotzdem ruhig verhalten oder aus dem Land verschwinden.

Und die Regierung wußte: Es gibt jede Menge Leute, die nicht einverstanden sind mit dem, was wir machen.

Der 17. Juni war ein Schock für alle: für das Volk und für die Regierung.

Der Machtmensch
Walter Ulbricht (1893–1973)

Für Walter Ulbricht war der Aufstand vom 17. Juni 1953 eine Katastrophe – und er war seine Rettung. Er war der oberste Funktionär der regierenden Sozialistenpartei SED und damit der mächtigste Mann der DDR. Die Arbeiter protestierten gegen seine Regierung. Er mußte eine Menge falsch gemacht haben, soviel war klar. Ohne die sowjetischen Panzer hätte er seine Macht verloren.

Das Erstaunliche: Die sowjetische Regierung wollte Walter Ulbricht eigentlich loswerden. Er war ihr zu selbstherrlich. Doch nun ging das nicht mehr. Wenn nach der Niederschlagung der Demonstrationen der Parteichef ausgewechselt worden wäre, hätte das wie ein Zeichen der Schwäche gewirkt, wie ein Eingeständnis, daß die Demonstranten eben doch recht gehabt hatten. Das wollte weder die DDR-Regierung noch die der Sowjetunion. Deshalb war Ulbrichts Chefposition nach dem 17. Juni fester als davor.

Walter Ulbricht trug einen spitzen Bart und hatte eine merkwürdig hohe Stimme. Er sächselte sehr stark. Man hätte ihn für eine lächerliche Gestalt halten können, doch er war ein geschickter Machtmensch.

Er hatte Tischler gelernt, gelangte früh zu den Kommunisten und wurde Politiker. Als die Nazis an die Macht kamen, kämpfte er zunächst gegen sie und mußte dann ins Ausland fliehen. Er kam in die Sowjetunion und wurde, als der Krieg zu Ende war, nach Deutschland geschickt. Im Auftrag der sowjetischen Regierung sollte er dort seine Partei wiederaufbauen und mit ihr an die Macht gelangen. Das Ganze sollte möglichst demokratisch aussehen. In der sowjetischen Besatzungszone gelang ihm das. Zunächst war er zwar nur der Chef der Sozialistenpartei, »Staatschef« war Wilhelm Pieck – aber letztlich bestimmte doch Ulbricht, wo es langging. Er mußte lediglich der sowjetischen Regierung gehorchen. 1960 starb Wilhelm Pieck, und jetzt wurde Ulbricht auch noch Staatschef.

Er regierte das Land wie ein König: Er mißtraute den anderen und traf alle wichtigen Entscheidungen selbst. In den sechziger Jahren ordnete er eine Wirtschaftspolitik an, die durchaus vernünftig war: Die einzelnen Betriebe sollten mehr selbst bestimmen dürfen, wirtschaftliche Entscheidungen sollten von Fachleuten und weniger von SED-Funktionären getroffen werden. Damit machte sich Ulbricht in seiner Partei viele Feinde.

Deshalb und weil er gegenüber der Sowjetunion inzwischen wieder zu selbstbewußt auftrat, verlor Walter Ulbricht 1971 seine Macht. Er blieb jetzt Staatschef, doch das machtvollste Amt, das des obersten Parteifunktionärs, übernahm Erich Honecker. Nach Walter Ulbrichts Tod 1973 wurden überall seine Bilder schnell abgehängt. Es kamen neue hin, die von Erich Honecker.

Zettel falten
oder: **Warum die DDR keine Demokratie, sondern eine Diktatur war**

Es gab ja nicht nur in der DDR eine Regierung, die sagt, wo es langgeht. Jedes Land hat eine. Es kommt darauf an, ob ein Volk seine Regierung austauschen kann, wenn es meint, daß sie nicht die richtige ist. In der DDR, soviel ist sicher, wünschten sich viele Leute eine andere Regierung. Aber sie hatten keine Wahl. Denn die DDR war keine Demokratie, sondern eine Diktatur.

»Demokratie« heißt soviel wie »Volksherrschaft« – das Volk entscheidet, wer regieren soll. Das geschieht bei den Wahlen. In einer Diktatur dagegen gibt es entweder gar keine Wahlen, oder es gibt nur solche, bei denen von vornherein feststeht, wie sie ausgehen: Die regierende, alles bestimmende Partei wird weiterregieren. »Diktatur« kommt von »diktieren« – bestimmen.

Es gibt Diktaturen, in denen ein einziger Mensch bestimmt, wo es langgeht; das ist der Diktator. Zwischen 1933 und 1945 war das in Deutschland der Fall; der Diktator war Adolf Hitler. Die DDR war eine andere Diktatur: Hier regierte eine Partei. Sie hieß »Sozialistische Einheitspartei Deutschlands«, kurz: SED. Der Name verrät dreierlei: Erstens, es ging der Partei um den *Sozialismus*. Zweitens, sie wollte eine Partei sein, die eine Politik für möglichst viele

Menschen macht, die diese Menschen *vereint* – deshalb »Einheitspartei«. Und drittens, die SED wurde gegründet, bevor es die DDR gab – sie sollte eigentlich eine Sozialistenpartei für ganz *Deutschland* sein, nicht nur für den Teil im Osten.

Das Jahr 1946. Der Krieg war seit einem Jahr vorbei, die DDR sollte erst drei Jahre später entstehen, aber das ahnte noch niemand. Daß es eine lange währende Teilung Deutschlands in Ost und West geben würde, war noch gar nicht klar. Die SED wurde im Frühjahr 1946 in der sowjetischen Besatzungszone gegründet – und man hoffte, auch in den westlichen Zonen viele Anhänger zu bekommen. Immerhin gab es damals ja viele, die den Sozialismus für eine gute Sache hielten. Die SED stand aber nicht nur für den Sozialismus. Sie war auf Weisung der Sowjetunion entstanden, sie war letztlich dazu da, in Deutschland das zu tun, was die Sowjetunion für richtig hielt. Die Art von Sozialismus, die sie in der Sowjetunion hatten, wünschte sich in Deutschland aber kaum jemand. In der Sowjetunion gab es nämlich schon die Diktatur einer sozialistischen Partei. Andere Parteien hatten sie dort überhaupt nicht.

Die Deutschen wollten keine Diktatur mehr, sie wollten Demokratie. Sie wollten die Wahl haben zwischen mehreren Parteien. Deshalb taten die Chefs der SED anfangs noch so, als seien auch sie für die Demokratie. Von Diktatur war keine Rede. Es gab in den ersten Jahren nach dem Krieg, in der Zeit der Besatzung, tatsächlich demokratische Wahlen. Es gab verschiedene Parteien, solche, die für den Kapitalismus waren, und solche, die für den Sozialismus waren, und die Menschen konnten entscheiden, wer regieren sollte. Bei diesen ersten Wahlen schnitt die SED längst nicht so gut ab, wie erwartet. Selbst in der sowjetischen Zone, wo sie entstanden war und wo ihre Chancen eigentlich nicht schlecht standen, bekam sie weniger als die Hälfte aller Stimmen. Damit war klar: Durch demokratische Wahlen würde die SED nie allein regieren können. Den Sozialismus, den sich die SED-Oberen vorstellten, konnten sie auf diesem Weg nicht erreichen.

Deshalb gab es im Osten Deutschlands seit 1949 keine demokratischen Wahlen mehr. Es wurde einfach bestimmt, daß die SED das Sagen hatte. Es gab zwar weiterhin andere Parteien, doch die mußten mit der SED-Herrschaft einverstanden sein. Parteiführer, die das nicht waren, wurden von den sowjetischen Besatzern kurzerhand abgesetzt, sie wurden eingesperrt oder mußten in den Westen fliehen.

So entstand diese merkwürdige »Deutsche *Demokratische* Republik«, die nur so tat, als wäre sie demokratisch: Es gab ein paar Parteien, und alle fünf Jahre gab es sogar Wahlen. Doch alle Parteien wollten im Grunde genommen dasselbe, nämlich den Sozialismus. Und bei den Wahlen stand von Anfang an fest, wie sie ausgingen.

Wie das funktionierte? Ganz einfach: Die Leute hatten bei den Wahlen keine Wahl. Sie konnten sich nicht für die eine und gegen die andere Partei entscheiden. Normalerweise stehen auf dem Wahlzettel die verschiedenen Parteien, und bei jener, die man am besten findet, macht man ein Kreuz. Zum Schluß werden die Kreuze aller Wähler gezählt, und die Partei mit den meisten Kreuzen gewinnt die Wahl. Diese Partei regiert bis zur nächsten Wahl das Land.

Bei den DDR-Wahlen gab es keine Kreuze, sondern nur eine Liste. Auf der stand schon drauf, wer demnächst regieren sollte – vor allem SED-Leute und nur ein paar von den anderen Parteien. An diesem Ergebnis konnte niemand etwas ändern, man konnte mit der Wahl nur sagen, ob man insgesamt einverstanden war, oder nicht. Wer einverstanden war, mußte den Zettel mit der Liste nur in der Mitte zusammenfalten und in die Wahlurne werfen. Wer dagegen war, mußte jeden Kandidaten auf der Liste sauber durchstreichen.

Das hätten natürlich alle machen können – aber nur die wenigsten haben es sich getraut. Denn durch das Zettelfaltesystem waren die Wahlen in der DDR nicht geheim. In einer richtigen Demokratie müssen die Wahlen aber geheim sein. Das heißt, niemand muß verraten, welche Partei er gewählt hat.

In der DDR wurde erwartet, daß jeder mit der Liste einverstanden ist. Man faltete den Wahlzettel und steckte ihn in die Urne. Alle konnten das sehen. Und alle konnten sehen, wenn jemand extra in die Wahlkabine ging, um dort die Kandidaten durchzustreichen. Die Leute hatten Angst, daß sie Probleme bekommen könnten, wenn sie sich bei der Wahl als Gegner des Systems zu erkennen gaben. Niemand wußte genau, wie diese Probleme aussehen würden. Gab es einen Vermerk in der Personalakte? Möglich. Würde sie ihr Chef am nächsten Arbeitstag darauf ansprechen? Auch möglich. Die meisten ließen es lieber nicht darauf ankommen.

Wer überhaupt nicht zur Wahl erschien, wurde aufgeschrieben. Gegen Abend schwärmten die Wahlhelfer aus, um bei denen nachzufragen, die noch nicht im Wahllokal gewesen waren: Konnte ja sein, daß sie es vergessen hatten. Wer etwas werden wollte in der DDR, der ging immer brav zur Wahl und faltete seinen Zettel. Und wer seine Ruhe haben wollte, auch.

Die Ergebnisse der Wahlen waren so lächerlich wie die Wahlen selbst: 98 oder 99 Prozent waren angeblich mit den Listen einverstanden. Es sind nicht viele Leute den Wahlen ferngeblieben, und von denen, die da waren, sind auch nicht allzu viele in die Wahlkabinen gegangen, um die Listen durchzustreichen – aber daß es so wenig waren, von hundert gerade mal einer, das glaubte niemand. Das heißt: Obwohl es ein so unfaires und undemokratisches Wahlsystem gab, wurden die Wahlergebnisse noch gefälscht. Die Herrscher des Landes wollten der Welt vorgaukeln, das gesamte DDR-Volk sei einverstanden mit ihrer Politik. Das ist typisch für eine Diktatur: Die Diktatoren tun stets so, als wären alle auf ihrer Seite.

Das Erstaunliche: Alle wußten, wie undemokratisch es in der DDR zuging, doch die herrschenden Sozialisten hatten ganz und gar kein schlechtes Gewissen. Sie waren der Meinung, daß ihre Diktatur im Grunde genommen viel demokratischer sei als die Demokratie im Westen, wo sich die Wähler zwischen verschiedenen Parteien entscheiden können.

Denn in der DDR gab es den Sozialismus. Im Sozialismus, so hieß es, herrschen nicht die wenigen reichen Leute, denen die Fabriken gehören, sondern die vielen Arbeiter, die in den Fabriken arbeiten: Sozialismus – das ist die Diktatur der Arbeiter. Da aber nicht alle Arbeiter in der Regierung sitzen können, gibt es die Arbeiterpartei. Wenn man also der Meinung ist, daß die Arbeiter die Macht haben müssen und daß die SED eine Arbeiterpartei ist, dann ist es nur logisch, daß die SED an der Macht bleiben muß – Wahl hin, Wahl her. Das Volk, so sagten die Sozialisten, das sind doch die Arbeiter, daher ist die Diktatur einer Arbeiterpartei viel demokratischer als die Herrschaft irgendeiner anderen Partei.

Das klingt logisch. Aber gab es wirklich eine Arbeiterpartei? War die SED eine Partei, die tat, was die Arbeiter wollten? Wohl kaum. Am 17. Juni 1953 hatten vor allem Arbeiter gegen die SED demonstriert. Und auch später hatte die Sozialistenpartei keinen guten Ruf unter den Arbeitern. Unter den Mitgliedern der SED waren verhältnismäßig wenig von ihnen.

Die DDR war keine Diktatur der Arbeiter, sie war eine Diktatur der Sozialistenpartei, die bloß behauptete, eine Arbeiterpartei zu sein.

Der Bezirks-Chef
Hans Modrow (geboren 1928)

Die DDR war in 15 Bezirke unterteilt, ähnlich wie die Bundesrepublik mit ihren Bundesländern. Jeder Bezirk hatte einen obersten SED-Funktionär, den »SED-Bezirkschef«. Das waren mächtige Leute. Hans Modrow war so einer, er leitete die Partei im Bezirk Dresden. Und es hieß, er sei klüger als die anderen Bezirks-Chefs. In den achtziger Jahren war er dafür, daß man offen über die Dinge reden sollte, die nicht funktionierten. Unter den SED-Chefs war er der einzige, der einigermaßen beliebt war. Nachdem im Herbst 1989 die alte SED-Regierung zurückgetreten war, regierte er für ein halbes Jahr das Land. Besonders viel zu sagen hatte er da aber nicht mehr.

Als es die DDR nicht mehr gab, wurde Hans Modrow vor Gericht gestellt und wurde verurteilt. Als SED-Bezirkschef soll er das Ergebnis einer Wahl gefälscht haben.

Wie jeder wußte, waren die Wahlen in der DDR nie demokratisch gewesen. Es stand ja immer schon fest, daß die SED weiterregieren würde. Es ging nur darum, wie viele Leute dazu ja sagten. Im Frühjahr 1989 gab es die letzte dieser Wahlen. Hans Modrow wußte, daß immer mehr Leute auch in seinem Bezirk mit der SED-Politik nicht einverstanden waren. Das sagte er den obersten Parteichefs des Landes, doch die wollten davon nichts wissen. Sie antworteten: »Darum mußt du dich kümmern. Sieh zu, daß das Wahlergebnis in deinem Bezirk so gut für uns ist wie immer. Sonst gibt's Ärger.« »Wie immer« hieß: Von hundert Leuten sollten mindestens 98 ihre Zettel falten. Tatsächlich wurde nach der Wahl auch aus Hans Modrows Bezirk gemeldet: »98 von 100 haben mit ›Ja‹ gestimmt!« Damit waren die Chefs zufrieden, und Hans Modrow bekam keinen Ärger. Jeder wußte, daß die Zahl nicht stimmen konnte.

Jawohl, in Hans Modrows Bezirk – wie in jedem anderen auch – sind die Wahlergebnisse gefälscht worden. In Wirklichkeit waren sie aber gar nicht so viel ungünstiger. Man nimmt an, daß nicht 98 von 100 bei der Wahl mitmachten, sondern etwa 90. Das sind ja auch noch ziemlich viele. Und trotzdem hatte die SED Angst, das zuzugeben. Da veranstaltete sie schon Wahlen, die in Wirklichkeit gar keine waren, bekam ein Ergebnis, über das sie eigentlich hätte froh sein können – und selbst das fälschte sie.

Hans Modrow gehörte also zu den SED-Chefs, die dafür später vors Gericht gestellt wurden. Natürlich, auch bei ihm ist gefälscht worden, und er trug dafür die Verantwortung. Wenn er nun gesagt hätte: »Wir machen da nicht mit, wir melden nicht 98 Prozent, sondern 90 Prozent nach Berlin« – was wäre dann wohl geschehen? Sie hätten in Berlin die Zahlen gefälscht. Und Hans Modrow wäre seinen Chefposten losgeworden – in einer Zeit, als man meinte, er sei unter den SED-Chefs noch der Veränderungswilligste.

Jeder SED-Oberfunktionär, auch Hans Modrow, hat schwere Schuld auf sich geladen: Er war ein wichtiger Teil der SED-Diktatur. So eine Schuld läßt sich aber nur schwer vor Gericht beurteilen. Die Juristen der Bundesrepublik haben es mit den Wahlen versucht – und das war keine gute Idee. Denn hier ging es um die Fälschung falscher Wahlen. Ein Ergebnis von 90 auf 98 Prozent zu verändern, war eine Idiotie. Das wirklich Schlimme war, daß die Wähler in der DDR überhaupt keine Wahl hatten. Daß der SED-Bezirkschef Hans Modrow das jemals als Problem betrachtet hätte, ist nicht bekannt.

Der Kalte Krieg
oder: **Warum es in Deutschland wieder Armeen gab**

Seit 1949 gab es zwei Deutschländer, die unterschiedlicher kaum sein konnten: Im Osten die DDR, eine sozialistische Diktatur mit dem »großen Bruder« Sowjetunion, und im Westen die Bundesrepublik, eine kapitalistische Demokratie, verbündet mit den USA.

Die Stimmung zwischen Ost- und West-Deutschland war miserabel. Die Regierung der Bundesrepublik schimpfte auf die DDR: »Das ist eine Diktatur, die nur tut, was die Sowjetunion will. Wird Zeit, daß es dort so demokratisch zugeht wie bei uns!«

Die Regierung der DDR war selbstverständlich anderer Meinung: »Unser Weg an der Seite der Sowjetunion ist der richtige! Die BRD tut nur, was die USA will! Es gibt dort Reiche und Arme, das ist ungerecht! Wird Zeit, daß es im Westen genauso zugeht wie bei uns!«

Im Krieg gegen Nazideutschland hatten die USA, Frankreich und England gemeinsam mit der Sowjetunion gekämpft. Nach dem Krieg wurden aus den Verbündeten Feinde: auf der einen Seite, im Westen, die USA, Frankreich und England – sie hatten die Bundesrepublik auf ihre Seite gezogen –, und auf der anderen, im Osten, die Sowjetunion mit den anderen inzwischen sozialistischen Staaten. Das waren unter anderem Polen, die Tschechoslowakei und auch die DDR. Man spricht von der Zeit des »Ost-West-Konflikts«. Es gibt noch einen anderen Namen dafür, der gefährlicher klingt: »Kalter Krieg«. Es war kein Krieg mit Bomben, kein »heißer« Krieg. Es war ein Krieg der Worte und der Drohungen. Und ein paarmal sah es so aus, als würde aus dem kalten Krieg ein heißer werden.

Das geteilte Deutschland lag genau in der Mitte, und wenn sich die Sowjetunion und die USA stritten, dann stritten sich auch die DDR und die Bundesrepublik, Ost- und Westdeutschland.

Wenn zwei Menschen sich streiten, dann brüllen sie sich an – aber wie streiten sich zwei Staaten? Es war ja nicht so, daß auf einmal alle Menschen in Ostdeutschland und alle Menschen in Westdeutschland unterschiedlicher Meinung oder gar verfeindet gewesen wären. Wer sich da stritt, das waren die Regierungen. Die Politiker hielten laute Reden, in denen sie riefen, daß der jeweils andere deutsche Staat ein schlechter und verlogener sei. Die Reden konnte man im Radio hören und in den Zeitungen lesen.

Besonders wütend streitende Menschen drohen, aufeinander einzuschlagen. Wenn sie das letztlich doch nicht machen, dann vor allem, weil sie Angst haben vor der Schlägerei. Sie könnten sich schließlich beide weh tun. So war es auch während des Kalten Krieges. Die Westmächte und die Sowjetunion schafften sich riesige Armeen an, mit Panzern, Flugzeugen – und mit Atombomben. Mit all ihren Atombomben hätten sie die ganze Welt unbewohnbar machen können. Eine davon kann eine große Stadt zerstören. Die

»Friedenswacht«. Soldat an der Neuen Wache in Berlin.

USA hatten schon während des Zweiten Weltkrieges Atombomben, und sie haben damit zwei japanische Städte ver-
nichtet. Seitdem wußte die ganze Welt, was für eine Gefahr
diese Waffen darstellten. Wenige Jahre nach dem Weltkrieg,
pünktlich zum Beginn des Kalten Krieges, entwickelte auch
die Sowjetunion ihre ersten Atombomben. Von nun an hieß
es: »Wenn ihr uns damit angreift, dann schlagen wir mit
unseren Bomben zurück.«

Es war eine merkwürdige Situation: Beide Seiten hatten
riesige Armeen und fürchterliche Waffen, und beide sagten:
»Wir wollen sie nicht einsetzen, wir haben sie nur als Drohung.« Im Osten wie im Westen rechtfertigten sich die Politiker auf gleiche Weise: »Die anderen wollen uns überfallen.
Wenn sie es nicht tun, dann nur, weil sie Angst vor unseren

Bomben haben. Nur deshalb haben wir selbst diese Dinger.« Tatsächlich gab es auf beiden Seiten genaue Pläne für einen heißen Krieg – und es gab Generäle, die der Meinung waren, daß man einen Krieg riskieren müsse. Auch wenn dabei viele Millionen Menschen ihr Leben verlieren würden. Zum Glück konnten sich diese Generäle weder im Osten noch im Westen durchsetzen.

Weil die beiden deutschen Staaten genau an der Grenze zwischen den Ost- und den Westmächten lagen, war es hier besonders gefährlich. Die Sowjetunion hatte nach dem Krieg viele Tausend Soldaten in der DDR stationiert, die westlichen Staaten hatten Tausende Soldaten in der Bundesrepublik. Und beide deutsche Staaten bauten seit der Mitte der fünfziger Jahre eigene große Armeen auf. Es war nur ein paar Jahre her, daß Deutschland den Krieg verloren hatte – und es hatte zunächst geheißen: Die Deutschen dürfen nie wieder eine Armee haben. Der Meinung waren nicht nur die anderen Länder, sondern auch die meisten Deutschen selbst. Im Kalten Krieg war das bald vergessen. Jetzt hieß es nicht mehr: Deutschland gegen den Rest der Welt, jetzt hieß es: Ost gegen West.

Beide deutsche Staaten führten die Wehrpflicht ein: Jeder junge Mann mußte nun mehrere Monate lang zur Armee, um dort zu lernen, wie man marschiert und mit den Waffen umgeht. Die Armee der DDR hieß »Nationale Volksarmee«, NVA; der Wehrdienst, den jeder zu absolvieren hatte, dauerte 18 Monate. Und im Gegensatz zur westdeutschen Bundeswehr gab es keine Möglichkeit, diesen Dienst zu verweigern. Für diejenigen, die keinen Spaß am

Soldaten, Raketen, Funktionäre.
Truppenparade am 1. Mai,
Berlin Mitte 1985.

Schießen und Marschieren hatten, waren das 18 furchtbare Monate. Man durfte nur sehr selten nach Hause, man mußte strohdummen Offizieren gehorchen.

Denen war es wichtig, daß die Soldaten nicht nur zu marschieren und zu schießen lernten, sondern auch zu hassen. Ein NVA-Soldat war dazu da, die »Klassenfeinde« zu bekämpfen – »Klassenfeinde«, das waren die Gegner in den westlichen Armeen. Damit die Soldaten sie in einem möglichen Krieg mit aller Kraft bekämpfen würden, sollten sie wissen, wie skrupellos und bösartig die Gegner angeblich waren. Sie sollten die »Klassenfeinde« hassen – das gehörte zu diesem kalten Krieg, der eigentlich eine Vorbereitung auf einen heißen Krieg war.

Doch nicht nur bei der Nationalen Volksarmee ging es militärisch zu, nicht nur die jungen Soldaten wurden auf den Krieg vorbereitet. Es begann im Kindergarten: Da lernten die Kinder, daß es für ihr Land gut und wichtig sei, eine große Armee zu haben, und daß die Soldaten ihre guten Freunde seien. In der Schule gab es den »Wehrkundeunterricht« und die »vormilitärische Ausbildung«. Jungen und Mädchen bekamen Uniformen und lernten, wie sie sich in einem Krieg zu verhalten hätten. Wenn zum Beispiel eine Atombombe explodiert, so lernten sie, müsse man sich auf den Boden werfen, mit den Füßen in Richtung Explosion. Das war natürlich großer Blödsinn: Einen Atomkrieg hätte ohnehin niemand überlebt, egal, ob er auf dem Boden lag und wohin seine Füße zeigten.

In den größeren Betrieben waren manche Arbeiter und Angestellte in »Kampfgruppen« organisiert. Sie trafen sich an Wochenenden, zogen ihre Uniformen an und trainierten mit Pistolen und Maschinengewehren Kampfeinsätze. Die »Kampfgruppen« waren 1954 gegründet worden – als Reaktion auf den Aufstand vom 17. Juni 1953. Sie sollten im Falle eines Krieges oder eines neuen Aufstandes die Betriebe schützen.

Wie wichtig der DDR-Führung die Kriegsvorbereitung

war, wurde bei den großen Paraden deutlich. An jedem 7. Oktober, das war der Gründungstag der DDR, marschierten Hunderte Soldaten an einer Tribüne mit den obersten Staatsfunktionären vorbei. Da fuhren auch Panzer und Raketentransporter: Alle Welt sollte wissen, wie stark und mächtig die kleine DDR war, wie gut sie sich auf einen Angriff des »Klassenfeindes« vorbereitet hatte.

So lange es die DDR gab, herrschte Frieden in Europa. Aber alle wußten, wie unsicher dieser Frieden war. Es gab die Armeen, und es gab die Atombomben. Wenn tatsächlich ein richtiger Krieg ausgebrochen wäre, dann zuerst in Deutschland, DDR gegen Bundesrepublik. Denn hier verlief die Grenze zwischen dem kapitalistischen Westen und dem sozialistischen Osten. Es war eine gefährliche Zeit.

Der Propagandist
Karl-Eduard von Schnitzler (1918–2001)

In der DDR war er ein Fernseh-Star, den alle kannten. Doch die meisten Zuschauer fanden ihn furchtbar. Von Berufs wegen war er ein Stinkstiefel, ein schlechtgelaunter Mann mit hoher Stimme und spitzem Bart, dafür zuständig, im DDR-Fernsehen bekanntzugeben, wie übel und verlogen das Westfernsehen angeblich war.

Er wuchs in einer wohlhabenden, adligen Familie auf – und fiel aus dem Rahmen. Er wurde Kommunist und wollte für eine Welt kämpfen, in der Leute wie seine Eltern nicht mehr hoch über jenen standen, die nur Arbeiter waren.

Im Zweiten Weltkrieg mußte er, weil er Deutscher war, für die Nazis kämpfen. 1944 wurde er von den Engländern gefangengenommen. Die bekamen bald mit, daß sie da einen hatten, der eigentlich gegen die Nazis war und außerdem ein kluger Kopf. Und der hervorragend reden konnte. So wurde Karl-Eduard von Schnitzler Propagandist, also einer, der die Menschen übers Radio – oder später übers Fernsehen – von einer politischen Sache zu überzeugen versuchte. Im Augenblick waren das jedoch weder Kommunismus noch Sozialismus. Noch tobte der Krieg, und von Schnitzler sollte den Deutschen übers Radio klarmachen, daß die Nazis Verbrecher waren und daß der Krieg schnell beendet werden sollte.

Nach dem Krieg wurde Karl-Eduard von Schnitzler zunächst politischer Journalist beim neuen Radiosender in der englischen Besatzungszone. Doch schnell war klar, daß er eigentlich ganz andere politische Ansichten hatte als die Engländer und die anderen Journalisten um ihn herum. Er war eben Kommunist.

So zog er in die sowjetische Besatzungszone um, die bald zur DDR wurde. Dort trat er in die SED ein – und wurde zu einem der wichtigsten Radiopropagandisten des Landes. In seinen Sendungen verkündete er den Hörern, warum in der DDR der Sozialismus aufgebaut werden mußte und wie schlecht die kapitalistische Bundesrepublik war.

Seit 1960 gab es die Fernsehsendung, mit der er berühmt wurde. Sie hieß »Der schwarze Kanal« und lief immer montags. Darin wurden Ausschnitte aus politischen Sendungen des Westfernsehens gezeigt, und zwischendurch erklärte Karl-Eduard von Schnitzler, wie man diese Sendungen zu verstehen hatte. Er war der Meinung, daß im Westfernsehen meistens gelogen wurde: Die Kapitalisten versuchten so, die Leute vom Kapitalismus zu überzeugen. Das Westfernsehen war für ihn »der schwarze Kanal«.

Wenn man von Schnitzler glaubte, dann war der Westen eine schlimme Welt, in der sie nicht nur im Fernsehen logen, sondern wo es auch den Menschen schlechter ging als denen im Sozialismus. Jeder wußte, daß das nicht stimmte. Deshalb sahen nicht allzu viele Leute seine Sendung – sie schalteten lieber auf einen Westsender um.

Am 30. Oktober 1989 lief der »Schwarze Kanal« zum letzten Mal – auf einmal war die Sendung selbst den SED-Funktionären zu peinlich. Karl-Eduard von Schnitzler blieb bis zu seinem Tod Kommunist. Die DDR, fand er, sei ein gutes Land gewesen. Nur leider hatte sie den Kalten Krieg verloren – seinen Krieg.

Die Mauer
oder: **Stubenarrest fürs ganze Volk**

Die meisten Leute interessierten sich nicht sonderlich für den Ost-West-Streit der Politiker. Bis ins Jahr 1961 konnten sie halbwegs einfach vom einen Land ins andere fahren, sie sahen sich das jeweils andere Deutschland einfach an. Sie erfuhren, wie man dort lebte, wieviel Geld man verdiente, was man für Sachen kaufen konnte. Und siehe da: In der Bundesrepublik ging es den Leuten besser als in der DDR. Im Westen verdienten sie mehr, und sie konnten sich für ihr Geld bessere Sachen kaufen. Bessere Autos, bessere Kleidung, besseres Essen. Der Kapitalismus schien besser zu funktionieren als der Sozialismus.

Logisch, daß sich viele DDR-Leute dachten: Warum sollen wir im Osten bleiben, wenn es uns im Westen besser geht? In der DDR versprechen sie uns, daß wir »morgen« besser leben können; in der Bundesrepublik können wir das sofort. Außerdem gab es im Westen keine sozialistische Partei, die über alles allein bestimmt und von der es hieß, sie habe immer recht. Es gab keine Regierung, die anordnete, wofür oder wogegen die Leute demonstrieren sollten. Die Menschen dort hatten nicht nur mehr Geld, sie waren auch viel freier.

So kam es, daß Tausende aus der DDR wegzogen, hinüber

in die Bundesrepublik. Für die DDR war das schlimm, denn es gab nicht genug Leute für die ganze Arbeit, die gemacht werden mußte. Seit 1949 bis zum Sommer 1961 haben mehr als 2,5 Millionen DDR-Bürger ihr Land verlassen. Das war jeder sechste!

Was sollte die DDR dagegen tun? Den Menschen immer wieder sagen, daß der kapitalistische Westen böse und die sozialistische DDR gut sei, so wie es Karl-Eduard von Schnitzler tat? Das nützte nicht viel. Jeder wußte, daß nur eines helfen würde: eine geschlossene Grenze, ein Zaun, oder noch besser: eine Mauer zwischen Ost und West, über die niemand einfach so hinübergelangte. Jeder wußte das, doch niemand konnte sich vorstellen, daß die DDR-Regierung die Grenze zum anderen deutschen Staat wirklich dicht machen würde.

Und es geschah doch, Stück für Stück: Zuerst stand entlang der Westgrenze ein gut bewachter Zaun. Aber lange Zeit gab es noch ein Schlupfloch, da konnte jeder in den Westen: Berlin.

Berlin war früher die Hauptstadt von ganz Deutschland gewesen. Nach dem Krieg wollte jedes der Siegerländer über einen Teil dieser Hauptstadt bestimmen. Deshalb wurde Berlin ebenso in vier Besatzungszonen geteilt wie ganz Deutschland, obwohl es eigentlich mitten in der sowjetischen Besatzungszone lag. Aus dem sowjetisch besetzten Teil der Stadt wurde Ost-Berlin, die Hauptstadt der DDR, aus den drei westlichen Zonen wurde West-Berlin.

Die Stadt war zwar geteilt, aber doch nicht so, daß man nicht von einem Teil in den anderen gelangen konnte. Man stieg am Ost-Berliner Bahnhof Alexanderplatz in die S-Bahn ein und stieg am West-Berliner Bahnhof Zoo wieder aus. Es gab zwar Polizeikontrollen, aber jeder, der einen Ausweis dabei hatte, durfte hin und her. Tausende Ost-Berliner suchten sich eine gut bezahlte Arbeit im Westen, wohnten aber weiter im Osten. Jeden Morgen fuhren sie hinüber zum Arbeiten und kamen am Abend wieder nach Hause. Dort lebten ihre Familien. Mit dem vielen Geld, das sie im Westen verdienten, konnten sie im Osten wunderbar leben.

Eine einigermaßen dichte Grenze zwischen zwei Ländern war nicht so erstaunlich. So etwas gab es auch schon anderswo. Daß man aber eine große Stadt in zwei Hälften teilen würde, das hat sich niemand vorstellen können. In Berlin ist es geschehen. Seit dem 13. August 1961 durfte niemand mehr vom Ost- in den Westteil hinüber. Bauarbeiter bauten eine riesige Mauer mitten durch die Stadt. In den Häusern, die an der Grenze standen, wurden die Fenster zugemauert, überall standen Soldaten mit Gewehren und bewachten die Bauarbeiter. Ost- und West-Berliner sahen fassungslos zu, niemand konnte etwas dagegen tun. Jetzt konnten Menschen, die im östlichen Stadtteil Prenzlauer Berg wohnten, nicht mehr in den westlichen Wedding, obwohl der direkt neben Prenzlauer Berg lag. Zwischen Alexanderplatz und Zoo fuhr keine S-Bahn mehr. An einigen Stellen der Stadt kann man heute noch sehen, wo einmal die Mauer stand. Daß sie ganz Berlin in zwei Hälften teilte, kann man sich kaum noch vorstellen.

Seit dem 13. August 1961 waren die DDR-Deutschen eingesperrt. Es gab keinen Weg mehr in den Westen, selbst dann nicht, wenn dort ihre Geschwister, Eltern oder Kinder lebten. Viele Familien wurden auseinandergerissen.

Selbstverständlich mußte die Regierung der DDR ihre Entscheidung begründen. Doch was sollte sie sagen? »Uns sind zu viele Leute davongelaufen, weil sie lieber im Westen leben wollten« – das ging nicht, das konnten die Politiker nicht zugeben. Sie taten ja immer so, als sei der Sozialismus dem Kapitalismus überlegen. Also logen sie: Die Mauer werde gebaut, so hieß es, damit aus dem feindlichen Westen keine Saboteure und Agenten mehr herüber kämen, die den Aufbau des Sozialismus stören würden. Die seien schuld daran, daß es damit bisher nicht so funktioniert habe, wie geplant. Sie nannten ihr Grenzmonstrum auch nicht Mauer, sondern »Antifaschistischer Schutzwall«. Die Störer aus dem Westen seien nämlich »Faschisten«, vor denen die DDR sich schützen müsse. »Faschist«, das war das schlimmste Schimpfwort, das man einem politischen Gegner verpassen konnte, viel schlimmer noch als »Kapitalist« oder »Ausbeuter«. Die Nazis waren Faschisten gewesen.

Wie aber bekommt ein Land das hin: eine Grenze, die so dicht ist, daß niemand hin- und herkommt? Einfach einen Zaun hinstellen? Über Zäune kann man klettern. Einen höheren Zaun? Nimmt man eben eine Leiter. Mit dem Sozialismus hat es in der DDR nicht so gut geklappt, aber ihre Grenze war perfekt, so dicht wie sonst keine auf der Welt. Ein Monstrum von Grenze war das. Mindestens zwei hohe Zäune mit Stacheldraht, dazwischen ein Weg, auf dem Soldaten hin und her gingen, oft mit Hunden. Die Grenzsoldaten sollten auf jeden schießen, der über einen der Zäune kletterte. Es gab sogar Minen und automatische Schießanlagen. Dort, wo besonders viele Menschen versuchten, in den Westen zu gelangen, baute man statt Zäunen Mauern, zwei bis drei Meter hoch, an vielen Stellen noch höher. Wer versuchte, diese Grenze zu überwinden, riskierte sein Leben.

Undurchdringlich war die Mauer aber nur von einer Seite. Sie war ja vor allem gebaut worden, damit die Leute nicht aus der DDR weglaufen konnten. Die Westdeutschen durften weiter hin- und herreisen, die West-Berliner nach ein paar Jahren auch. Warum auch nicht: Wer im Westen lebte, besuchte vielleicht mal die DDR, dort bleiben wollte kaum einer. Die Bundesrepublik mußte keine Angst haben, daß ihr die Leute davonliefen.

Etliche Ostdeutsche versuchten auch nach dem Bau der Mauer noch in den Westen zu gelangen. Sie wollten ein besseres Leben, sie hatten genug von der SED-Diktatur. Und sie flüchteten auf allen Wegen, die man sich nur vorstellen kann. Sie versteckten sich im Autokofferraum von Besuchern aus dem Westen, sie fälschten Ausweise, sie schwammen durch Grenzflüsse, sie bauten Heißluftballons, mit denen sie über die Grenze flogen. In den ersten Jahren nach 1961 wurden von West-Berlin aus Tunnel unter der Mauer hindurchgebuddelt. Durch die sind Hunderte in den Westen gekrochen. Doch die DDR-Polizei fand irgendwann alle Einstiege und ließ sie zumauern.

Tausende Menschen haben versucht, mit Leitern über die Mauern und Zäune zu klettern. Das war eine gefährliche

Wer schützt wen? Die Mauer mit Wachturm
in Berlin Mitte. Hinter der Mauer:
der West-Berliner Bezirk Wedding.

Angelegenheit, denn es gab überall Grenzsoldaten, die auf
jeden Flüchtling schießen sollten. Wie viele es dennoch geschafft haben, hinüberzugelangen, weiß man nicht. In den
ersten Monaten nach dem 13. August 1961 waren es noch
recht viele, denn anfangs konnte man nicht die gesamte
Grenze vollständig bewachen. Später gelang nur noch wenigen die sogenannte Republikflucht. Sie galt in der DDR als

Verbrechen, wer dabei erwischt wurde, kam ins Gefängnis, meistens für zwei Jahre.

Die Zahl derjenigen, die an der Grenze erschossen worden sind, ist nicht genau festzustellen. Mit Sicherheit waren es einige Hundert; manche sagen, es seien mehr als eintausend Menschen dort ums Leben gekommen.

Wer aber waren die Soldaten, die an der Mauer Wache standen und auf Flüchtlinge schossen? Waren das kaltblütige Mörder? Einige von ihnen, die Menschen erschossen hatten, kamen später, als es die Mauer nicht mehr gab, vor Gericht. Es waren ganz normale Soldaten, die meisten von ihnen wollten noch nicht einmal Soldat sein, geschweige denn jemanden erschießen. Aber in der DDR mußte jeder junge Mann für mindestens eineinhalb Jahre zur Armee. Und wer Pech hatte, wurde an die Grenze geschickt, um dort Wache zu stehen. Dort mußte er auf jeden schießen, der flüchten wollte und trotz Warnung nicht stehen blieb. So lautete der Befehl.

Andererseits: Es gab auch für Soldaten die Möglichkeit, sich gar nicht erst an die Mauer schicken zu lassen. Wer deutlich sagte, er wolle da nicht hin, der kam auch nicht an die Grenze. Die Offiziere hatten viel zu große Angst vor unzuverlässigen Soldaten. Außerdem hätte kein Soldat mit seinem Gewehr genau auf die Flüchtlinge zielen müssen. Wer »aus Versehen« vorbeischoß, wurde nicht bestraft.

Ein Grenzsoldat, der auf Menschen schoß, beging damit ein schlimmes Verbrechen. Auch wenn er hinterher sagen konnte: »Hätte ich nicht in der DDR gelebt, hätte ich nicht schießen müssen – die DDR war schuld.« Auch wenn diejenigen, die sich die Befehle und Anordnungen für die Grenze ausgedacht hatten, die größeren Verbrecher waren.

Seit 1961 durften die Bürger der DDR nicht mehr reisen, wohin sie wollten: Das war wie Stubenarrest fürs ganze Volk. Die Regierung wollte den Sozialismus aufbauen, eine gerechte Welt, aber sie hatte Angst, daß ihr die Leute fortliefen. Also sperrte die Regierung ihr Volk ein. Am liebsten hätte sie eigentlich ein anderes Volk gehabt, eines, das nicht so sehr nach den schönen Dingen guckt und danach, wo das Leben bunter ist. Aber eine Regierung kann sich ihr Volk ja nicht aussuchen – ebenso wenig, wie sich das DDR-Volk seine Regierung aussuchen konnte.

Der Flüchtling
Chris Gueffroy (1968–1989)

Er war 20 Jahre alt, und er hatte noch viel vor. Die Welt sehen, arbeiten, gutes Geld verdienen, mit dem Geld vielleicht ein Restaurant eröffnen.

Die Welt sehen? Geld verdienen? Ein Restaurant eröffnen? Wer so was wollte, befand sich in der DDR am falschen Ort. Chris Gueffroy war jung, er war Kellner in Berlin. Für DDR-Verhältnisse verdiente er gar nicht mal schlecht. Hin und wieder, wenn er Besucher aus dem Westen bediente, bekam er sogar etwas West-Geld. Aber was ist das schon: etwas Westgeld? Die Besucher fuhren wieder in ihre Welt zurück, konnten von dort aus reisen, wohin sie wollten, konnten sich von ihrem Westgeld kaufen, was sie wollten. Warum durften die das und Chris Gueffroy nicht? Warum mußte er im Sozialismus leben, der mit seinen Träumen nichts zu tun hatte?

Chris Gueffroy beschloß, gemeinsam mit einem Freund in den Westen zu fliehen, trotz der Mauer, trotz der Soldaten mit den schußbereiten Waffen. Es gab das Gerücht, daß auf Flüchtlinge nicht mehr geschossen werden sollte. Der »Schießbefehl« galt angeblich nicht mehr.

In der Nacht vom 5. zum 6. Februar 1989 machten sich Chris und sein Freund auf den Weg in den Westen. Zwischen Treptow und Neukölln, im Süden Berlins, wollten sie hinüber. Da war zunächst mal eine Mauer, über die sie unbemerkt hinüberklettern konnten. Als nächstes mußten sie über einen »Signalzaun«. Auch das gelang. Doch bei den Grenzsoldaten in der Nähe wurde durch die Elektroapparatur im Zaun der Alarm ausgelöst. Die Soldaten liefen auf die beiden Flüchtlinge zu und begannen sofort zu schießen. Es war noch ein Hindernis zu überwinden, ein hoher Metallzaun. Chris Gueffroy wurde von mehreren Gewehrkugeln getroffen, von einer mitten ins Herz. Seinem Freund schossen die Soldaten in den Fuß. Chris war nach wenigen Minuten tot, gestorben auf dem Grenzstreifen zwischen Berlin-Ost und Berlin-West. Der Freund wurde gefangengenommen und zu drei Jahren Gefängnis verurteilt.

Neun Monate nach Chris Gueffroys Tod war die DDR ein anderes Land, die Mauer war gefallen, wie von selbst. Auf einmal durfte jeder in den Westen. Im Februar 1989 hatte das noch niemand ahnen können. Die meisten waren überzeugt, diese Grenze würde es noch ewig geben.

1992, die DDR gab es inzwischen nicht mehr, standen die beiden Grenzsoldaten vor Gericht, die auf Chris geschossen hatten. Die Urteile waren sehr milde: Der Soldat, der aus großer Entfernung geschossen, aber nicht getroffen hatte, wurde freigesprochen. Der andere, der aus nur 40 Metern die Todesschüsse abgegeben hatte, bekam zwei Jahre auf Bewährung. Er habe schließlich nur getan, was man ihm befohlen hatte, so die Richter.

Chris Gueffroy war der letzte Mensch, der an der Mauer sein Leben verlor. Er war 20 Jahre alt, er wollte in den Westen. Mehr nicht.

Die einen
oder: **Was ist ein Funktionär?**

Die DDR war ein Land, in dem die Leute nicht bestimmen durften, wer sie regieren sollte. Ein Land, dem die Leute davonliefen und das deshalb seine Leute einsperren mußte. Ein Land, in dem niemand besonders viel Geld verdiente und in dem man keine besonders tollen Sachen kaufen konnte. Dennoch gab es viele, die dieses Land für ein sehr gutes hielten und die alles dafür tun wollten, daß es noch besser würde. Sie waren überzeugt: »Ja, die DDR ist eine Diktatur, es gibt die Mauer, über die niemand hinüberdarf, aber das ist gut so.« Sie sagten sogar: »Wer die DDR nicht gut findet und lieber woanders leben möchte, der hat ein paar Sachen nicht so recht begriffen.«

Was waren das für Leute? Haben die selbst ein paar Sachen nicht so recht begriffen? Hat denen jemand Geld dafür gegeben, damit sie so etwas sagten?

Das war gar nicht nötig. Denn es gab die Idee vom Sozialismus. Die Sozialisten waren sich ganz sicher, daß er funktionieren würde, obwohl sie überall sahen, wie kompliziert die Dinge waren. Natürlich wußten sie, daß es den Leuten in der DDR nicht besserging als den Leuten in der kapitalistischen Bundesrepublik. Aber sie meinten, das sei alles nur eine Frage der Zeit. Sie glaubten an den Sozialismus, so wie andere Leute an den lieben Gott und an das Paradies glauben.

Die meisten dieser Sozialisten waren Mitglieder der großen Partei, die in der DDR das Sagen hatte, der SED. Es gab viele Sozialisten damals, und deshalb gab es überall, in jeder Stadt, in jedem Betrieb SED-Parteigruppen. Sie trafen sich einmal in jedem Monat und besprachen, was man besser machen könnte.

Die DDR war eine Partei-Diktatur, allein die Sozialistische Einheitspartei hatte das Sagen. Wer also etwas bestimmen wollte, mußte Sozialist und Mitglied der SED sein.

Die wichtigsten SED-Leute nannte man »Funktionäre«. Das kommt vom Wort »Funktion«, was soviel wie »Aufgabe« heißt. Ein Funktionär war ein Partei-Arbeiter mit einer speziellen Aufgabe. Es gab Funktionäre, die sollten bestimmen, was die Schüler in der Schule lernen. Andere bestimmten, wieviel in der DDR die Lebensmittel kosten sollten, und es gab sogar welche, die sagten, welche Filme in den Kinos gezeigt werden durften und welche nicht. Die Partei bestimmte alles, also gab es für alles irgendeinen Parteifunktionär.

Hatten die Funktionäre die besten Jobs im Land? Sie waren die Chefs, die anderen mußten tun, was sie sagten. Sie verdienten mehr Geld als die Arbeiter – wenn auch längst nicht so viel wie Firmenchefs im Westen. Die obersten Funktionäre, die das ganze Land regierten, konnten sich von ihrem Geld sogar Sachen kaufen, die die normalen Leute in den normalen Läden nicht so einfach bekamen, japanische Farbfernseher zum Beispiel oder Apfelsinen. Sie bekamen eigene Häuser, während es für die übrige Bevölkerung sehr schwer war, eine gute Wohnung zu bekommen.

So wunderbar war es dennoch nicht, Funktionär zu sein. Denn die Funktionäre hat niemand so recht gemocht. Wenn irgend etwas in der DDR dumm lief – und das kam häufig vor –, wenn es zum Beispiel keinen Kaffee zu kaufen gab, oder wenn in den Kinos nur langweilige Filme liefen, dann war ja klar, wer daran schuld war: die Funktionäre.

Außerdem waren es Funktionäre, die so viele Sachen in der DDR verboten: Bestimmte Bücher durfte man nicht lesen, bestimmte Filme nicht gucken. Wenn Leute laut ihre Meinung sagten, zum Beispiel, daß sie Demokratie besser fänden als Diktatur, dann bekamen sie Ärger mit den Funktionären. Denn die waren der Meinung: Wenn jemand etwas Schlechtes über die DDR sagt, dann ist er auch gegen den Sozialismus. Und der Sozialismus war ihnen heilig.

Außerdem sahen die meisten Funktionäre nicht besonders gut aus. Eher langweilig. Die meisten von ihnen waren Männer mit eckiger Brille, breitem Schlips und steifem Jakkett. Sie guckten immer ernst, denn es war ja eine ernste Sache, alles bestimmen zu müssen und den Sozialismus aufzubauen.

Und sie mußten Parteiversammlungen und Parteitage besuchen. Bestimmt gab es Versammlungen, auf denen es spannend zuging, wo wichtige Dinge entschieden wurden, wo man sich sogar stritt. Darüber erfuhr man draußen aber nichts, denn die Partei mußte nach außen hin stets einheit-

Hoch lebe der Oberfunktionär! Propagandatafel vorm Palast der Republik in Berlin, 1984.

lich auftreten, und alle Parteimitglieder mußten dieselbe Meinung vertreten.

Alle fünf Jahre war Parteitag. Das war die wichtigste Zusammenkunft der wichtigsten Funktionäre. Seit es in Berlin den Palast der Republik gab, fanden die Parteitage hier, im größten Saal statt. 2500 Funktionäre saßen dann da drin, fünf Tage lang, an jedem Tag viele Stunden – und hatten allesamt ein großes Problem: Sie durften auf gar keinen Fall einschlafen. Sie saßen in sehr bequemen, breiten Sesseln, es gab keine Fenster, aus denen sie hinausgucken konnten, es gab nur eine riesengroße Bühne, auf der saßen die allerhöchsten Funktionäre, welche ebenfalls mit dem Schlaf kämpften. Vor ihnen stand ein Rednerpult, an welchem ein Funktionär nach dem anderen seine Rede hielt. Und wie langweilig diese Reden waren, kann man sich kaum noch vorstellen. Gegen die DDR-Funktionärsreden sind die Reden unserer heutigen Politiker unglaublich spannend. Immerhin, die schlimmste, längste Rede, sie dauerte mehrer Stunden, wurde gleich als erste gehalten, als das Publikum noch einigermaßen fit war. Die jeweiligen SED-Chefs hielten sie höchstpersönlich, und alle beide, Walter Ulbricht und Erich Honecker, waren wirklich schlechte Redner. Die Reden bestanden aus Sätzen wie diesem hier: »Was wir gemeinsam geschaffen haben, bestärkt uns in der Gewißheit, daß wir die Aufgaben bis 1990 und darüber hinaus bis zum Jahr 2000, die auf der Tagesordnung des XI. Parteitages stehen, voller Zuversicht und Elan in Angriff nehmen können und sie erfolgreich bewältigen werden.« Erich Honecker hat das auf dem XI. Parteitag der SED im April 1986 in den Saal genuschelt.

Die Funktionäre im Publikum hatten einen Trick, der ihnen half, während eines solchen Parteitages in ihren breiten Sesseln wach zu bleiben: Sie klatschten immer wieder wie die Wahnsinnigen Beifall. Wenn einer wegzunicken drohte, wurde er dadurch garantiert geweckt. Das war sehr wichtig, denn die Reden wurden im DDR-Fernsehen übertragen. Und wenn die Kameras das Publikum zeigten, durfte da natürlich niemand schlafen. In den Zeitungen wurden die Reden abgedruckt, über viele Seiten hinweg, vollständig. Es ist sehr unwahrscheinlich, daß irgend jemand je alle von ihnen von vorn bis hinten gelesen hat. Aber der Beifall, der Wachbleibetrick ist in den Zeitungen gut dokumentiert. Die beobachtenden Journalisten mußten hervorragede Ohren haben, denn sie unterschieden etliche Formen des Beifalls sehr genau. Während der 1986er Rede von Erich Honecker gab es diese hier, sie stehen allesamt im »Neuen Deutschland«, der wichtigsten Zeitung der SED: »starker Beifall« (das war die schwächste Form), »anhaltender starker Beifall«, »lange anhaltender starker Beifall«, »stürmischer Beifall«, »anhaltender stürmischer Beifall«, »lange anhaltender stürmischer Beifall«, und, ganz zum Schluß der Rede, weil jetzt alle froh waren, daß sie es hinter sich hatten: »minutenlang anhaltender stürmischer Beifall mit Hurra- und Hochrufen auf die Deutsche Demokratische Republik«.

Funktionäre konnte man auch deshalb nicht beneiden, weil sie sehr oft Unsinn predigen mußten und dabei genau wußten, daß es Unsinn war. Sie verhielten sich wie der Kapitän auf dem sinkenden Schiff, der den Passagieren sagt: »Leute, alles halb so schlimm, dieses Schiff kann gar nicht untergehen. Bleibt ruhig, geht in eure Kabinen, alles wird gut.«

Die Funktionäre wußten ja selbst, was falsch lief, sie wußten, daß es viele Sachen, die die Leute gern kaufen würden, einfach nicht gab. Was sie auf keinen Fall sagen durften, war: »Tut uns leid, das mit dem Sozialismus klappt nicht so richtig.« Sie sagten lieber: »Der Kapitalismus ist schuld, der Westen, der alles daransetzt, uns zu schaden.« Oder sie sagten: »Hier handelt es sich um ein vorübergehendes Problem, wartet ab, bald geht es uns im Sozialismus besser als den Menschen im Kapitalismus.« Es war bestimmt nicht leicht, immer diesen Unsinn erzählen zu müssen.

Die meisten Funktionäre hatten selbst Chefs, also noch

wichtigere Funktionäre über sich, die auf sie aufpaßten. Wenn ein Funktionär zum Beispiel ein Buch verbot, dann konnte es sein, daß er bei sich dachte: »Ich persönlich hätte ja gar nichts gegen dieses Buch. Aber mein Chef sieht das enger. Bevor also nicht nur der Schriftsteller Ärger bekommt, sondern ich auch, verbiete ich das Buch gleich.« Zum Schriftsteller sagte er: »Ein wunderbares Buch hast du da geschrieben. Ich verstehe, was du meinst, und ich hätte überhaupt nichts dagegen, daß es erscheint. Aber du weißt ja, wie das ist: Die anderen werden es mißverstehen. Leider kann dein Buch nicht erscheinen.«

Daß es dennoch so viele Funktionäre gab, lag zum einen daran, daß es immer Leute gibt, die gerne bestimmen, wo es langgeht. Zum anderen meinten viele, den gerechten Sozialismus könne man nur aufbauen, wenn die Sozialisten-Partei alles bestimmt – und da müßten eben alle gehorchen: die normalen Leute den Funktionären und die Funktionäre ihren Oberfunktionären.

Daß die Oberfunktionäre sich mal irren könnten, traute sich kein Funktionär zu sagen. Wenn es ausnahmsweise doch mal einer tat, dann bekam er großen Ärger. So waren in der DDR ausgerechnet die Leute, die das Sagen hatten, die Funktionäre, die bravsten Leute überhaupt.

Natürlich gab es unter ihnen auch welche, die ihre Macht genossen und sich aufführten wie Könige. Doch in der DDR war alles eine Nummer kleiner als anderswo. Wenn man sieht, in welchen Häusern die höchsten Funktionäre damals wohnten, dann wundert man sich, wie bescheiden sie waren. Da kann sich heute jeder Klempnermeister mehr Luxus leisten. Das Problem war weniger, daß sich die SED-Funktionäre auf Kosten anderer bereichert hätten. Schlimm war, daß sie bestimmen konnten, wie andere Leute lebten, welche Berufe sie ausüben, welche Bücher sie schreiben und lesen durften. Und nur ihre eigenen Parteichefs kontrollierten sie. Die normalen Leute konnten gegen dumme und anmaßende Funktionäre kaum etwas ausrichten. Man war ihnen ausgeliefert. Denn eines war klar: Es herrschte im Land allein die SED, die Partei der Funktionäre, und gegen die kam keiner an.

Hans-Dieter Fritschler (geboren 1941)

Hans-Dieter Fritschler wuchs in einfachen Verhältnissen auf. Sein Vater war im Krieg ums Leben gekommen, seine Mutter arbeitete in einer Teefabrik. Nach der achten Klasse mußte Hans-Dieter die Schule verlassen: Er sollte Geld verdienen und wurde Waldarbeiter. Dann ging er freiwillig zur neugegründeten DDR-Armee. Hier lernte er, politisch zu denken, und er erfuhr, welch große Dinge sie in der DDR vorhatten: Sozialismus, Frieden und Gerechtigkeit. Dabei wollte er gerne mithelfen. Im August 1961 kam er als Soldat nach Berlin. Er mußte den Bau der Mauer bewachen. Und er tat das gern: Sein Land, so dachte er, sollte in Ruhe, geschützt durch eine sichere Grenze, den Sozialismus aufbauen.

Nach der Armeezeit begann die Parteikarriere: Jugendhochschule, Parteihochschule, Funktionär des Jugendverbandes FDJ, SED-Funktionär. Im Alter von 41 Jahren wurde Hans-Dieter Fritschler »Erster SED-Parteisekretär« des Kreises Bad Salzungen. Er war nun der wichtigste Mann einer Gegend mit ein paar kleinen Städten und Dutzenden Dörfern. Er hatte jetzt zwar überall ein Wort mitzureden: beim Häuser- und beim Straßenbau, in den Betrieben, bei den Soldaten, die die Grenze zur Bundesrepublik bewachten. Doch wirklich mächtig war er nicht. Die wichtigsten Entscheidungen fällten nämlich die höheren SED-Funktionäre in der nächstgrößeren Stadt und in Berlin. Er mußte dafür sorgen, daß die Entscheidungen durchgesetzt wurden.

Nehmen wir zum Beispiel die Sache mit den Häusern. In der Stadt Bad Salzungen fehlten ein paar hundert Wohnungen. Immer wieder kamen Leute zu Fritschler und baten ihn, er solle sich darum kümmern, daß Häuser gebaut werden. Dann kam die Entscheidung: In Merkers, einer Nachbarstadt, sollten neue Häuser entstehen. Und das, obwohl dort viel weniger Leute eine Wohnung suchten als in Bad Salzungen. Fritschler konnte nichts daran ändern, so lautete nun mal der Plan. Noch schlimmer: Er mußte jetzt so tun, als sei es völlig richtig so. Der Entschluß kam schließlich aus seiner Partei, von ganz oben.

Ein Provinzfürst war Hans-Dieter Fritschler nicht. Er wohnte mit Frau und zwei Kindern über lange Jahre in einer kleinen Drei-Zimmer-Wohnung, er arbeitete wie ein Verrückter, fuhr umher und kümmerte sich darum, daß den Beschlüssen der SED überall Folge geleistet wurde, ob sie nun sinnvoll waren oder nicht. Er kannte die Probleme der Betriebe – hier fehlten die Fachleute, dort das Geld, um bessere Maschinen anzuschaffen –, und er konnte nur immer sagen: Arbeitet weiter! Die Partei wird eine Lösung finden. Bis zum Ende der DDR glaubte er selbst daran: Es ist nicht leicht, den Sozialismus aufzubauen, aber wir schaffen das schon.

Auch als es das Land und seinen Sozialismus nicht mehr gab, blieb Hans-Dieter Fritschler der Sozialistenpartei treu.

Die hieß jetzt nicht mehr SED, sondern PDS, und einen Ersten Kreissekretär, der sich um alles kümmert, brauchte sie nicht mehr. Vor der Wahl zum Bundestag im Jahr 2002 organisierte Hans-Dieter Fritschler den PDS-Wahlkampf in Thüringen.

Die anderen
oder: **Was ist ein Oppositioneller?**

Die DDR war ein Land der braven Leute. Vieles, was geschah, war ärgerlich und falsch, und trotzdem gab es nur ganz wenige, die sich trauten, laut etwas dagegen zu sagen. Wenn sie unter sich waren, meckerten viele. Hauptsache, es hörte kein Funktionär.

Denn wer etwas Kritisches über die SED und die Regierung sagte, konnte dafür bestraft werden. Spätestens seit dem Aufstand vom 17. Juni 1953 war klar, wie weit die Regierung ging, wenn jemand gegen sie demonstrierte. Jeder DDR-Bürger wußte, daß er in einem Land lebte, dessen Herrscher sich sicher waren, das einzig Richtige zu tun. Und die entsprechend empfindlich reagierten, wenn jemand das in aller Öffentlichkeit bezweifelte.

Dennoch gab es immer wieder Leute, die so mutig waren, ihre kritische Meinung laut zu äußern. Sie wußten, daß sie ins Gefängnis kommen konnten, zum Beispiel wegen »staatsfeindlicher Hetze«. Doch sie fanden, daß man etwas tun mußte. Wer erlebt hatte, wie dumm und anmaßend viele Funktionäre waren, konnte nicht erwarten, daß die SED stets das Richtige tun würden.

Die mutigen Leute sagten, was sie an der DDR falsch fanden, sie schrieben es auf und verteilten ihre verbotenen

Schriften. Das konnten Flugblätter sein oder kleine, sehr einfach kopierte Zeitschriften. In den achtziger Jahren hießen die zum Beispiel »Grenzfall« oder »Umweltblätter«.

Man nennt diese Leute »Oppositionelle«. Das heißt soviel wie »Gegner«. Für einige unter ihnen ist das Wort ganz richtig: Die waren *gegen* die DDR. Sie waren sich sicher, daß die Sache mit dem Sozialismus nie funktionieren würde.

Bei den meisten Oppositionellen aber war das etwas anders. *Gegner* des Sozialismus und der DDR waren sie gar nicht. Sie fanden: »Man muß vieles besser machen. Man darf nicht so verbohrt sein wie die Funktionäre. Man darf keine Angst vor anderen Meinungen haben. Und vor allem: Diktatur ist falsch. Demokratie wäre viel besser.« Diese Oppositionellen sagten: »Wenn alle mitbestimmen könnten, was hier passiert, wenn alle gemeinsam diejenigen aussuchen könnten, die das Land regieren, dann wären bald nicht mehr die Funktionäre mit dem Parteibuch und der Angst vorm eigenen Chef an der Macht, sondern klügere Leute, die etwas vom Regieren verstehen. Dann könnte sogar der komplizierte Sozialismus funktionieren, und die DDR wäre ein besseres Land.«

Die SED-Funktionäre jedoch meinten: »Da sind welche, die behaupten, daß wir Fehler machen. Wer das tut, ist gegen uns. Der ist gegen die DDR und gegen den Sozialismus.« Für diese Funktionäre waren die Leute, die ein sozialistisches *und* demokratisches Land wollten, echte Gegner. So kam es, daß auch Sozialisten Oppositionelle wurden.

Und dann war da noch die Sache mit den Kirchen. Viele Funktionäre meinten, man könne nur an eines von beiden glauben: an den Sozialismus oder an den lieben Gott. Nur wer die Dinge in der Welt nicht recht verstehe, habe es nötig, sich an einen Gott zu wenden. Wer den Sozialismus kenne, brauche keinen Gott, keine Religion und keine Kirche.

Die SED hätte natürlich die Religion verbieten und alle Kirchen abreißen können – aber das getraute sie sich nicht. Zu viele Leute glaubten an Gott. Die hätte die SED alle gegen sich aufgebracht.

Was den Funktionären besonders mißfiel: In den DDR-Kirchen wurde nicht nur gebetet. Da wurde auch viel über den Staat und über den Sozialismus geredet. Hier mußten die Leute keine Angst haben, von der Polizei verhaftet zu werden. Oppositionelle trafen sich oft in Räumen der Kirche, auch jene, die eigentlich nichts mit der Religion anfangen konnten. Und die Funktionäre konnten nicht viel dagegen tun.

Außerhalb der Kirchen gab es viele Möglichkeiten, die Kritiker zum Schweigen zu bringen. Man konnte Oppositionelle von der Polizei verhaften und einsperren lassen. Man konnte aber auch drohen: »Wenn du weiter gegen die DDR Stimmung machst, dann sorgen wir dafür, daß du deine Arbeit verlierst.« Junge Leute, die allzu offen ihre Meinung sagten, mußten damit rechnen, daß sie nicht den Beruf erlernen durften, den sie sich wünschten, oder nicht studieren durften, was sie wollten. Wenn jemand etwa Arzt werden wollte, aber vor den falschen Leuten äußerte, was ihm in der DDR nicht gefiel, ließ man ihn nicht Medizin studieren.

So wie sich die DDR über die Jahre veränderte, veränderte sich auch die Opposition. In den frühen Jahren gab es

Gefährliche Schriften. Ein junger Mann druckt Flugblätter in der »Umweltbibliothek«, Berlin Prenzlauer Berg, 1988.

noch etliche, die ganz und gar gegen den Sozialismus waren. Das lag auch daran, wie die Partei auftrat. Viel entschiedener als in den späteren Jahren behandelte sie etwa die Kirchenleute wie Feinde. Logisch, daß solche Kirchenleute nicht viel vom Sozialismus und von der DDR hielten.

Da aber all jene, die offen gegen den Sozialismus auftraten, damit rechnen mußten, verhaftet und eingesperrt zu werden, hielten sie sich mehr und mehr zurück. Von echten Staatsfeinden bekam man in der DDR nach dem 17. Juni 1953 kaum etwas mit. In den sechziger und siebziger Jahren ging es den Oppositionellen vor allem darum, den Sozialismus demokratischer zu machen. Der bekannteste unter ihnen hieß Robert Havemann. Er war Kommunist und

SED-Mitglied. Weil er offen über die Fehler der SED sprach, schloß ihn die Partei aus und verbot ihm, weiter an der Universität zu arbeiten. Er schrieb nun Bücher und Artikel darüber, wie eine sozialistische Gesellschaft aussehen müßte. Sie wurden nicht in der sozialistischen DDR, sondern in der kapitalistischen Bundesrepublik veröffentlicht.

Einer von Havemanns besten Freunden war Wolf Biermann, ein Dichter, Sänger und Gitarrespieler, der nicht nur Lieder über die Liebe sang, sondern auch über den Sozialismus, der nicht so funktionierte, wie er sollte. Auch Biermann war, damals jedenfalls noch, vom Sozialismus überzeugt. Umso deutlicher, fand er, müsse man über die Fehler der Funktionäre sprechen. Die verboten natürlich seine Lieder. Im November 1976 durfte Wolf Biermann überraschend in den Westen fahren – er wollte dort ein Konzert geben. Für die DDR-Regierung war das die Möglichkeit, den Sänger endlich loszuwerden: Er durfte nicht wieder zurück. Daraufhin geschah etwas, womit die Funktionäre nicht gerechnet hatten: Wolf Biermann wurde berühmt. Bisher war er ein Geheimtip unter Oppositionellen und Kulturleuten gewesen. Er hatte in der DDR ja nicht öffentlich singen dürfen. Jetzt erfuhr jedermann aus dem Westfernsehen und dem Westradio, was für mutige und wahre Lieder dieser Mann gesungen hatte – und alle erfuhren von der Feigheit der Funktionäre, die ihn aussperrten. Die DDR-Kritiker hatten jetzt einen Helden.

Gegen die »Ausbürgerung« Biermanns gab es in vielen Städten Proteste, bekannte Schauspieler und Schriftsteller schrieben an die Regierung, daß sie damit nicht einverstanden waren, und ließen ihren Brief in Westzeitungen veröffentlichen. Auch Robert Havemann tat das – und wurde dafür unter Hausarrest gestellt. Ab jetzt bewachten Polizisten sein Haus und paßten auf, daß er es nicht mehr verließ. Auch das erfuhr die ganze Welt.

Für die SED-Herrschaft waren diese Dinge höchst unerfreulich. Es war halbwegs ruhig gewesen um die Opposition, und jetzt sprachen alle über diese kritischen zwei Sozialisten, Havemann und Biermann, und darüber, wie kleingeistig und ängstlich die DDR-Regierung auf ihre Kritik reagierte. Mit Biermanns Rausschmiß und Havemanns Hausarrest erreichte die SED vor allem eines: Die Opposition wurde größer.

Sprachen die DDR-Kritiker bisher vor allem über Sozialismus und Demokratie, so kamen in den achtziger Jahren zwei weitere wichtige Themen dazu: Frieden und Umweltschutz. Es herrschte Kalter Krieg, die DDR bereitete sich auf einen heißen Krieg vor – es gab die große »Nationale Volksarmee«, die »Wehrerziehung« der Schüler und die »Kampfgruppen« in den Betrieben. Die Oppositionellen waren gegen diese »Militarisierung«. Sie sagten: Jede Kriegsvorbereitung ist ein Fehler, auch wenn es heißt, man müsse nur gerüstet sein gegen einen Angriff des »Klassenfeindes«.

Um den Umweltschutz kümmerte sich die Regierung kaum. Es war einfach zu teuer, das Dreckwasser, das aus den Fabriken kam, zu säubern und Fabrikschornsteine zu bauen, aus denen es nicht schwarzbraun qualmte. In manchen Gegenden, in denen die größten Fabriken standen, sah es furchtbar aus: kaum noch Blätter an den Bäumen, braunes

Wasser in den Flüssen, Kohlenstaub in der Luft. Kinder waren dort viel öfter krank als anderswo. Wer sagte: »Das geht so nicht, dagegen muß man etwas tun«, galt als Oppositioneller. In den achtziger Jahren taten das immer mehr.

Und erst jetzt entstanden regelrechte Oppositionellen-Gruppen. Die Herrschenden ließen inzwischen die Zügel etwas lockerer. Während in den ersten Jahren noch Leute im Gefängnis gelandet waren, nur weil sie einen Witz über die Regierung erzählt hatten, war inzwischen das Risiko, eingesperrt zu werden, deutlich geringer. Das lag unter anderem daran, daß die DDR unter ständiger Beobachtung des Westens war. Und die Honecker-Regierung ließ sich nicht gerne vorwerfen, daß in ihrem Land die Menschen ungerecht behandelt wurden. Im Jahr 1975 hatte sie sich in einem internationalen Vertrag, der »Schlußakte von Helsinki«, dazu verpflichtet, die Menschenrechte zu achten. Dazu gehörte etwa das Recht jedes Menschen, seine Meinung frei zu äußern. Doch wenn es darauf ankam, existierte dieses Recht nur auf dem Papier. Wenn auch nicht so oft wie früher, landeten noch immer Menschen, die Kritisches gesagt oder geschrieben hatten, hinter Gittern. Manche für Monate, manche für Jahre.

In der DDR gab es weniger Oppositionsgruppen als in anderen sozialistischen Ländern, in Polen etwa oder in der Tschechoslowakei. Das lag vor allem an der speziellen Situation der zwei deutschen Staaten. Wer es in der DDR überhaupt nicht aushielt, versuchte irgendwie in den Westen zu gelangen – entweder durch Flucht oder per »Ausreiseantrag«. Sehr viele Oppositionelle, die eingesperrt worden waren, wurden hinterher in den Westen geschickt und durften nicht wieder zurück. So wurde das Land allmählich einen großen Teil seiner Kritiker los.

Deshalb, und weil die meisten Leute Angst vor den persönlichen Nachteilen oder Strafen hatten, gab es sowenig Oppositionelle in der DDR. Deshalb war die DDR ein Land der braven Leute. Man wußte: Wer sich ruhig verhält, der hat ein ruhiges Leben; wer mit seiner Regierung einverstanden ist, mit dem ist auch seine Regierung einverstanden.

Der Staatsfeind
Michael Beleites (geboren 1964)

Michael Beleites, ein freundlicher und höflicher junger Mann mit sächsischem Akzent und großer Liebe zur Natur, war für die Funktionäre ein gefährlicher Feind. In den letzten Jahren der DDR kümmerte er sich kaum noch um andere Dinge als um die Oppositionsarbeit: Er sah, was schieflief in seinem Land, er sprach laut darüber, er schrieb es auf, er wollte es verändern. Daß er gar nichts anderes mehr tun konnte und tun wollte – daran waren auch die Funktionäre und ihre Geheimpolizisten schuld.

Sein Vater war Pfarrer, deshalb durfte Michael Beleites kein Abitur machen. Er wurde Tierpräparator, er lernte, wie man Tiere ausstopft, und arbeitete in einem Museum. Schon sehr früh lernte er Leute kennen, die mit vielem, was in der DDR geschah, nicht einverstanden waren. Zum Beispiel, daß es eine so große Armee gab, in der jeder junge Mann mindestens 18 Monate lang Soldat sein mußte, und daß immer mehr Atomwaffen für einen neuen Krieg bereitstanden.

Michael Beleites war besonders erschrocken über die Umweltzerstörung in der DDR. In der Nähe der Stadt, in der er lebte, Gera, gab es ein riesiges Bergwerk. Dort wurde Uran aus der Erde gegraben, ein Material, das man für Atomkraftwerke und für die Herstellung von Atombomben benötigt. Die Arbeit im Uranbergwerk war gefährlich. Viele Bergleute wurden dadurch krank. Außerdem entstanden riesige Berge giftigen Mülls. Über dieses gefährliche Bergwerk schrieb Michael Beleites ein Buch und druckte davon selbst eintausend Exemplare mit einer kleinen Druckerpresse.

So wurde er zum Staatsfeind. Die Geheimpolizei beobachtete ihn, sie fragte Freunde über ihn aus, sie setzte Spitzel auf ihn an. Michael Beleites war geschickt: Er gab acht, daß er nicht gegen die Gesetze verstieß. Das Buch zum Beispiel verteilte er nur unter Kirchenleuten – das war nicht verboten. Man konnte ihn nicht einfach vor Gericht stellen und einsperren lassen. Deshalb versuchte die Geheimpolizei, wo immer sie konnte, ihm das Leben schwerzumachen: Nachdem er im Museum nicht mehr arbeiten konnte, bekam er keine andere Anstellung; wenn er mit seinen Freunden im Sommer ins Ausland verreisen wollte, schickte man ihn an der Grenze wieder nach Hause.

Es war idiotisch: Indem man Michael Beleites so viele Probleme bereitete, machte man es ihm besonders deutlich, wie übel es in der DDR zuging. Ein Land, das so mit seinen Leuten umging, nur weil sie die Wahrheit aufschrieben, mußte man doch verändern! Weil er keine Arbeit als Tierpräparator bekam, hatte er jede Menge Zeit für seine Arbeit als Oppositioneller.

Natürlich überlegte er oft, ob er überhaupt in der DDR bleiben sollte. Er durfte nicht in seinem Beruf arbeiten, er durfte nicht studieren, er durfte nicht verreisen. Sollte er nicht lieber in den Westen gehen, so wie es viele seiner

Freunde aus der Opposition getan hatten? Wenn Michael Beleites darum gebeten hätte, dorthin umziehen zu dürfen – die Funktionäre und die Geheimpolizei hätten bestimmt nichts dagegen gehabt.

Die Stasi
oder: **Wenn keiner keinem traut**

Wie bekamen die Funktionäre überhaupt heraus, wer ein Oppositioneller war und wer nicht? Woher wußten sie, was die Leute dachten und worüber sie sprachen? Wenn Leute sich in den Kirchen trafen, in denen kein Funktionär aufpaßte, dann konnten sie doch sagen, was sie wollten, dann drohte ihnen doch eigentlich keine Gefahr.

Es gab jemanden, der über fast alles, was in der DDR geschah, und sei es in den Kirchen, genau Bescheid wußte. Die Stasi. Das war die Geheimpolizei, eine riesengroße Behörde. Stasi heißt »Staatssicherheit« oder, noch genauer: »Ministerium für Staatssicherheit«. Zehntausende von Leuten arbeiteten bei der Stasi. In jeder größeren Stadt gab es ein Haus, in dem sie ihre Büros hatten. In Berlin stand die Zentrale: ein riesiger Gebäudekomplex mit Hunderten von Büros. An den Stasi-Zentralen stand nie »Stasi« oder »Staatssicherheit« außen dran, und die Leute, die für die Stasi arbeiteten, sagten niemandem, was sie da wirklich taten. Alles war geheim.

Für die Geheimpolizei arbeiteten aber nicht nur Geheimpolizisten. Tausende ganz normaler Leute, Arbeiter, Rechtsanwälte, Wissenschaftler, Künstler lieferten Informationen. Die Oberspitzel von der Stasi wandten sich an sie, ganz geheim natürlich: »Wenn ihr uns sagt, was andere Leute tun und reden, dann können wir euch auch helfen.« Oft haben sie die Leute erpreßt. Zu Oppositionellen konnten sie sagen: »Wenn du uns nichts über deine Freunde berichtest, lassen wir dich verhaften, und du kommst ins Gefängnis.« Künstler erpreßten sie, indem sie drohten, daß keine Bücher mehr von ihnen erscheinen oder keine Bilder mehr ausgestellt werden durften.

So gab es in der DDR tausende von Spitzeln, die andere Leute an die Stasi verrieten. Einige sprachen sogar über ihre besten Freunde. Selbst unter den Oppositionellen gab es etliche Verräter. Sie trafen sich an geheimen Orten mit den Stasi-Leuten und erzählten ihnen, was sie wußten. Sie erzählten, was in den Kirchen besprochen worden war, sie erzählten, wer zu den Oppositionellentreffen erschien und wer was dachte.

Deshalb konnte die Stasi den Funktionären sagen, wer gegen sie war und wer nicht.

Die Spitzel hießen bei der Stasi »IM«, »Inoffizielle Mitarbeiter«. »Inoffiziell« heißt soviel wie »geheim« – logisch, sollte ja niemand wissen, daß sie für die Stasi arbeiteten. Allerdings wurde der Begriff »IM« erst bekannt, als es die DDR nicht mehr gab und alle Leute erfuhren, wie die Stasi funktioniert hatte. Zur DDR-Zeit kannte man zwar den Begriff »IM« nicht, aber die meisten wußten, daß es die Spitzel und Verräter gab. Wer das aber wirklich war, das wußte nur die Stasi. Und genau das war das Schlimme: Eigentlich konnte jeder ein Stasi-Spitzel sein. Denn irgendwie ist jeder erpreßbar: Der Schüler durch Zensuren, der Büromensch mit der Karriere, der Oppositionelle mit dem Gefängnis, der Mann, der seine Frau nicht mehr liebt, sondern heimlich eine andere, mit dem Verrat. Jeder konnte Spitzel sein. Eigentlich konnte niemand niemandem trauen.

Und alles nur, weil die Mächtigen in der DDR, die Funktionäre, ihrem Volk nicht trauten. Sie sagten, sie täten alles für das Volk, sie seien für Sozialismus und Gerechtigkeit. In Wirklichkeit hatten sie Angst vor ihrem Volk.

Nun kann man sich sehr darüber wundern, daß so viele Leute bei der Stasi gearbeitet oder für die Stasi andere Leute ausgehorcht haben. Sie hätten doch wissen müssen, daß man so etwas nicht macht. Daß man nicht Freunde verrät. Daß man nicht andere erpreßt. Daß man nicht andere Leute ins Gefängnis bringt, nur weil sie anderer Meinung sind als man selbst. Waren das alles schlechte Menschen, die für die Stasi gearbeitet haben?

So einfach ist das nicht. Bei vielen von diesen Stasi-Leuten war es so ähnlich wie bei den Funktionären: Sie waren für den Sozialismus, sie wollten eine gerechte Welt. Und sie waren sich sicher, daß viele Leute das nicht wollten. Diese Gegner des Sozialismus mußte man mit allen Mitteln bekämpfen, das stand für die Stasi-Leute fest. Daß sie in ihrem Kampf viel zu weit gingen, daß sie eine ungerechte Welt erschufen, eine Welt des Verrats und des Mißtrauens, das war vielen gar nicht klar.

Selbst unter den Spitzeln, den Inoffiziellen Mitarbeitern, gab es etliche, die kein schlechtes Gewissen hatten. Sie waren für die DDR und fanden, daß die Sozialistenpartei das Richtige tat. Also, dachten sie, müsse man auch die Ge-

Petzen bei der Arbeit. Stasi-Leute mit Funkgerät
auf der Straße Unter den Linden in Berlin, 1987.

heimpolizei unterstützen, die das Land und die Partei be-
schützt.

Und dann gab es die vielen IM, die die Stasi bedroht
hatte: Wer sich weigerte mitzumachen, der durfte zum Beispiel nicht studieren, oder er mußte Angst haben, auf einmal
für Dinge bestraft zu werden, die eigentlich nichts mit der
Weigerung zu tun hatten.

Es gab viele Gründe, warum Leute beim Stasiverrat mit-

machten. Wer meint, all diese Leute seien Schurken und ge-
wissenlose Verräter gewesen, der macht es sich zu leicht.
Natürlich gab es solche, die nur auf ihren eigenen Vorteil be-
dacht waren, die andere Leute mit ihrem Verrat ins Gefängnis brachten. Sehr viele haben aus Ahnungslosigkeit nicht
nein gesagt, sie wußten gar nicht, was sie anrichteten – oder
sie wollten es nicht wissen. Andere waren überzeugt, daß
man den Sozialismus gegen seine Feinde schützen müsse. Sie
dachten, sie täten etwas Gutes, wenn sie die Ordnungshüter
bei ihrer Arbeit unterstützten. Und wieder andere waren
nicht stark genug zu sagen: »Ich mache da nicht mit, auch
wenn ich deshalb Probleme bekomme.« Etliche IMs fanden
aber auch den Mut, irgendwann nicht mehr mitzumachen.
Sie sagten den Stasi-Offizieren zum Beispiel, daß sie Freunden von ihrer Spitzelei berichtet hätten. Damit waren sie für
die Stasi nicht mehr interessant, denn was taugt schon ein
Verräter, von dem alle wissen, daß er einer ist?

Fast hunderttausend Geheimpolizisten gab es bei der
Stasi und noch viel mehr arbeiteten als IM für sie. Man darf
es sich allerdings auch nicht so vorstellen, daß jedermann
jederzeit dachte: »Achtung, die Stasi hört mit!« Oppositionelle mußten das befürchten oder Leute, die in den Westen
wollten und darüber offen sprachen. Für die meisten anderen war die Stasi längst kein so großes Thema, wie man das
später hätte meinen können. Denn nach dem Ende der
DDR, als herauskam, wie groß die Stasi war und wie sie gearbeitet hatte, dachten viele, sie sei überall gewesen. Wer
nicht in der DDR gelebt hatte, konnte sich kaum vorstellen,
daß man damals einfach so einen Witz über die SED ma-

chen konnte, ohne Angst vorm Stasiverrat zu haben. Das ging aber durchaus. Alle machten Witze über die SED, sogar die Funktionäre selbst.

Einerseits war vieles, was man später über die Stasi erfuhr, schlimmer, als man es sich zur DDR-Zeit hatte vorstellen können: Es waren Menschen wegen kritischer Gedichte für Jahre ins Gefängnis gekommen. Oppositionelle waren nicht nur bespitzelt worden, man hatte sich auch bemüht, ihnen systematisch allen Mut zu nehmen – die Stasileute nannten das »Zersetzung«. In Gefängnissen und bei Verhören waren Menschen gequält worden. Andererseits waren von alledem verhältnismäßig wenig Leute wirklich betroffen. Die meisten muckten ja nicht auf, sie erzählten hin und wieder einen Witz und meckerten über dies und das – doch Ärger mit der Stasi bekamen sie deshalb nicht. Viele von ihnen wundern sich, wenn sie nun hören: »Die Stasi war schlimm, also war die ganze DDR schlimm.« Kann das denn stimmen? Sie hatten doch nie Probleme mit der Geheimpolizei gehabt.

Doch, es stimmt, denn so funktionierte ja die Diktatur. Die Stasi verbreitete Angst und Mißtrauen, indem sie den wenigen Oppositionellen das Leben schwermachte. Die vielen anderen erfuhren irgendwie davon und blieben lieber ruhig. Sie wollten keine Probleme bekommen, also bereiteten sie ihrer Diktatur auch keine Probleme.

Der Pfarrer
Gottfried Gartenschläger (1951 – 2003)

Er war groß, trug einen Bart und hatte langes, blondes Haar.
Er war ein Pfarrer in der DDR. Die jungen Leute mochten
ihn, weil man mit ihm über alles reden konnte. Er nahm kein
Blatt vor den Mund, er sagte deutlich, was ihm in der DDR
nicht gefiel, was man ändern sollte. Er veranstaltete Rock-
Konzerte in seiner Kirche, bei ihm durften Künstler auftreten, die das anderswo nicht durften, weil sie Gegner der
SED waren. Er bekam deshalb großen Ärger mit seinen Kir-
chenchefs. Die wollten es sich mit den Parteifunktionären
nicht verderben.

Später, in der neuen Bundesrepublik, war Gottfried Gartenschläger kein Pfarrer mehr. Seine Kirche ließ ihn nicht
mehr arbeiten. Der Grund: Er hatte mit der Stasi zusam-
mengearbeitet. Jahrelang hatte er sich immer wieder mit
Leuten vom Staatssicherheitsdienst getroffen und ihnen erzählt, was in seiner Kirche geschehen war. Dort hatte davon niemand etwas geahnt, nicht einmal seine engsten
Freunde.

Warum er sich mit der Stasi eingelassen hat, weiß niemand so genau. Dachte er, er habe alles in der Hand? Die
Stasi wollte ja was von ihm, er konnte selbst entscheiden,
was er denen sagte und was nicht. Er sagte später: »Ich

habe denen nichts erzählt, was sie nicht sowieso schon wußten. Ich glaube, daß ich niemandem geschadet habe.« Ganz sicher konnte er sich da natürlich nicht sein.

In seiner Kirche haben sich damals Oppositionelle getroffen, Leute, die die DDR verändern wollten. Sie fühlten sich bei Gottfried Gartenschläger vor der Stasi sicher. Als sie dann erfuhren, daß er mit der Stasi gesprochen hatte, empfanden sie das als Verrat und wollten mit dem Freund von damals nichts mehr zu tun haben. Natürlich wußte niemand genau, ob Gartenschläger der Stasi wichtige Dinge verraten hatte. Niemand wußte, wem er geschadet hatte und wem nicht. Trotzdem waren die Freunde maßlos enttäuscht. Wie wollte der denn damals wissen, was die Stasi bereits wußte und was nicht? Mit der Stasi durften man nicht sprechen, Punkt, aus.

Warum hatte er ihnen denn nie von seinen Gesprächen erzählt? Zur Zeit der DDR dachte er wohl, er bekomme dann selbst Schwierigkeiten mit der Stasi. Er meinte, so lange er das Spiel mitspielte, würden sie ihn in Ruhe lassen. So lange könne er seine Kirchenarbeit tun. Er fuhr zum Beispiel jedes Jahr zweimal nach Rumänien und brachte den armen Leuten dort Spenden aus seiner Gemeinde. Daß er dort immer wieder hinfahren konnte, war keine Selbstverständlichkeit.

Auch als es die DDR und die Stasi nicht mehr gab, lüftete er sein Geheimnis nicht. Er wußte, daß viele ihm die Sache nie verzeihen würden. 1991 kam sie aber doch heraus: Es waren Akten aufgetaucht, ein ehemaliger Stasi-Offizier berichtete von den Treffen mit dem Pfarrer. Gottfried Gartenschläger verlor viele Freunde, und er durfte nicht mehr als Pfarrer arbeiten. Das war für ihn die schlimmste Strafe. Er starb sehr früh, mit 52 Jahren, an einem Herzinfarkt.

Die Wirtschaft
oder: **Eigentlich müßte es allen besser gehen**

Beginnen wir mit einem Beispiel, nämlich mit den Autos. Im Kapitalismus funktioniert das so: Es gibt viele Leute, die sich ein Auto kaufen möchten. Sie sind bereit, dafür viel Geld auszugeben. Wer gute Autos baut, der wird damit gut verdienen. Weil auf diese Idee nicht nur einer kommt, gibt es eine ganze Reihe von Autoherstellern. Jeder von ihnen muß sich besondere Mühe geben, denn sonst wird er seine Autos nicht los. Wer sich nun im Kapitalismus ein Auto kaufen will, hat eine große Auswahl. Die Autohersteller werben sogar für ihre Autos. Sie rufen: »Hey, komm zu uns, kauf unser Auto, es ist besser als die anderen, und über den Preis können wir auch noch mal reden.« Wer im Kapitalismus Geld ausgeben kann, beispielsweise für ein Auto, ist der König. Zu ihm sind alle freundlich, er kann alles bekommen.

Im Sozialismus ist das anders. Hier ist nicht der Kunde König, sondern der Funktionär. Funktionäre entscheiden, ob und wie viele Autos gebaut werden, und sie entschieden auch, wie teuer sie sind. Sie beschließen also: »Das Land baut sich eine Autofabrik, die soll, sagen wir mal, zehntausend Autos in jedem Jahr herstellen. Das dürfte genügen.« Wie sich aber bald herausstellt, haben sich die Funktionäre verrechnet. Zehntausend Autos im Jahr sind zuwenig. Es gibt viel mehr Leute, die sich ein Auto kaufen wollen. Noch eine Autofabrik lassen die Funktionäre aber nicht bauen, denn dafür fehlt ihnen das Geld. Also gibt es zuwenig Autos im Land.

Dabei sind sie nicht mal billig – mit dem Geld, das der Staat mit den Autos verdient, könnte er locker noch eine Autofabrik bauen. Angenommen, die Autofabrik bekäme das ganze Geld, so könnte sie vergrößert werden, man könnte modernere Maschinen für den Autobau anschaffen und damit mehr Autos herstellen. So ist es aber nicht, denn im Sozialismus gehören die Fabriken dem Staat, und der braucht das Geld aus dem Autoverkauf für andere wichtige Dinge: um Wohnungen zu bauen zum Beispiel.

In der sozialistischen Wirtschaft hängt alles mit allem zusammen. Autos mit Wohnungen, Brötchen mit Theatereintrittskarten, Traktoren mit Apfelsinen. Das macht sie so kompliziert.

Wer sich also in der DDR ein neues Auto kaufen wollte, mußte geduldig sein. Zehn Jahre, manchmal auch länger, mußte man warten, bis man endlich sein Geld für einen Wartburg oder Trabant ausgeben durfte – so hießen die beiden Pkw-Typen, die in der DDR hergestellt wurden. Werbung dafür mußte niemand machen. Und das, obwohl die Autos wenig taugten. Sie stanken heftiger aus ihren Auspuffen als die Westautos. Sie waren langsamer, weniger bequem und außerdem noch teurer.

Vor allem zwei Dinge unterschieden die sozialistische Wirtschaft der DDR von der kapitalistischen im Westen: Das *Volkseigentum* und die *Planwirtschaft*. »Volkseigentum«

Plan erfüllt! Propagandatafel vor
einem Chemiebetrieb in Bitterfeld, 1989.

hieß alles, was dem Staat gehörte. Man unterscheidet es
vom »Privateigentum« – das ist das, was einzelnen Leuten
oder Gruppen von Leuten gehört. In der DDR hießen die
meisten Betriebe »VEB« – »Volkseigener Betrieb«. Bereits
in der Zeit der sowjetischen Besatzung zwischen 1945 und
1949 wurden die größten Betriebe ihren Eigentümern weggenommen. Man nannte das »Enteignung«. Ab jetzt war der
Staat für diese Betriebe zuständig. In der DDR ging die Ent-

eignung dann Stück für Stück weiter, bis in den siebziger Jahren nur noch ein paar kleine Betriebe übrig waren, die nicht dem Staat, sondern einzelnen Leuten gehörten.

Die »Planwirtschaft« ist eine logische Folge des Volkseigentums – und sie ist das große Problem der sozialistischen Wirtschaftsform. Die Idee, daß allen alles gehört, ist ja nicht schlecht, aber wer soll das alles verwalten? Im Kapitalismus sorgt jeder Betrieb für sich selbst, das ist schon kompliziert genug. Im Sozialismus werden alle Betriebe, und das sind Tausende, von Staatsfunktionären geleitet. Deshalb hatte die DDR eine riesengroße Wirtschaftsverwaltung: eine Plankommission und mehr als 15 Wirtschaftsministerien, eins für den Bergbau, eins für Kohle und Energie, eins für den Handel und so weiter und so fort.

Die Planwirtschaft war auch wieder so eine Sache, von der man sagen kann: Schön gedacht, hat aber leider nicht funktioniert. Tatsächlich kann man ja fragen, ob man die Wirtschaft nicht besser organisieren kann als im Kapitalismus, wo jeder sich um seine Sachen kümmert und kaum jemand darauf achtet, wie alles zusammenpaßt. Wozu braucht man zwanzig verschiedene Autotypen? Fünf gute würden doch auch reichen! Und sollte nicht ein Betrieb, der viel Geld verdient, einen anderen unterstützen, bei dem es nicht so gut läuft? Wer über eine Wirtschaft bestimmt und nicht nur über einzelne Betriebe, der kann auch bestimmen: Alles, was die Menschen unbedingt zum Leben brauchen, also die wichtigsten Lebensmittel, Wohnungen, Bahnfahrkarten, soll billig sein, und Kindergärten, Krankenhausbehandlungen, Ärzte kosten gar nichts. Dafür geben die Betriebe, die mit ihren

Produkten viel verdienen, das Geld her, zum Beispiel die Autohersteller.

So funktionierte das in der DDR. Die wichtigsten Dinge waren tatsächlich unglaublich billig. Eine Straßenbahnfahrt, die heute mehr als zwei Euro kostet, kostete damals zwanzig Pfennig – etwa zehn Cent. Ein Brötchen kostete fünf Pfennig. Die Wohnungsmieten waren, verglichen mit den jetzigen, lächerlich. Kindergärten und Arzneimittel kosteten gar nichts. Obwohl die Leute weniger Geld verdienten als die im Westen, konnte sich jeder das Wichtigste leisten.

Der Preis, den das ganze Land dafür zahlen mußte, war allerdings hoch. Wenn die Funktionäre bestimmten, daß ein Brot nur eine Mark kosten durfte, dann hieß das noch lange nicht, daß der Bäcker für eine Mark ein Brot backen konnte. Für jedes Brot mußte der Staat deshalb Geld dazubezahlen. Dieses Geld mußte er irgendwo hernehmen, zum Beispiel vom Autoverkauf. Und siehe da: Nun fehlte dort das Geld, um eine neue Autofabrik zu bauen.

Weil die Wohnungsmieten so niedrig waren, genügte das Geld nicht, um die Häuser in der DDR in Ordnung zu halten. Deshalb sahen die Städte damals so grau aus: Der Putz bröckelte von den Häusern; Farbe, um sie frisch anzumalen, gab es nicht, oder sie war zu teuer.

Ein weiterer Preis der Planwirtschaft war der Mangel. Es wurden nicht nur zuwenig Autos gebaut. Immerzu fehlte irgend etwas. Mal gab es kein Klopapier, mal keinen Kaffee, mal keine Bettwäsche. Es wurde ja alles von der riesigen Wirtschaftsverwaltung geleitet, und es gab Pläne für sämtliche Betriebe. Sie wurden für fünf Jahre gemacht, die sogenannten Fünfjahrpläne. Wenn da irgend etwas schiefging, wenn sich jemand verrechnet hatte, oder wenn auf einmal das Öl, das die DDR von der Sowjetunion kaufen mußte, teurer wurde, dann stimmte der ganze Plan nicht mehr. Wenn die Papierfabrik beispielsweise weniger Holz geliefert bekam als geplant, oder wenn in der Fabrik eine wichtige Maschine kaputtging, dann konnte sie nicht genug Klopapier herstellen. Und dann gab es in den Läden des Landes eben für ein paar Wochen kein Klopapier.

Man kann sich das vorstellen wie ein großes Haus, in dem alle Familien ihr Geld in eine Kasse tun, und ein Geldverwalter kümmert sich fortan um alles weitere. Einmal im Monat kauft er für alle die Lebensmittel ein und verteilt sie – das ist gerecht, denn alle bekommen gleich viel. Schön gedacht, doch gut funktionieren wird das kaum. Es wird immer irgend etwas fehlen. Und wenn schon eine Hauswirtschaft kaum für einen Monat planbar ist – wie soll das dann für ein ganzes Land für fünf Jahre möglich sein?

Natürlich sahen die Funktionäre die Probleme, und sie versuchten so gut sie konnten, dagegen anzugehen. Ab und zu veränderten sie ihre Wirtschaftspolitik ein wenig. So gab es in den sechziger Jahren den Versuch, die einzelnen Betriebe stärker selbst bestimmen zu lassen, wie sie mit ihrem Geld umgingen. Es wurde nicht mehr alles von den Wirtschaftsministerien vorgegeben. Als jedoch der oberste SED-Funktionär, der Staatschef Walter Ulbricht, von einem anderen abgelöst wurde, von Erich Honecker, da nahm man die ganze Sache wieder zurück. Jetzt hieß es wieder: Der Staat plant alles, sonst könnten wir ja gleich den Kapitalismus einführen.

Erich Honecker regierte die DDR seit 1971. Jetzt mußten sich die Betriebe wieder exakt an die Pläne der Wirtschaftsfunktionäre in Berlin halten, ob sie nun sinnvoll waren oder nicht. Honecker war ein Staatschef, dem es im Gegensatz zu seinem Vorgänger sehr wichtig war, wie gut es den Menschen im Land ging. Ulbricht hatte gemeint: Zuerst kümmern wir uns um die Wirtschaft – wenn es den Betrieben gutgeht, dann geht es auch bald den Menschen besser. Bei Honecker war es umgedreht: Er wollte seinem Volk große Geschenke machen und meinte, die Wirtschaft werde schon stark genug sein, um diese Geschenke zu bezahlen.

Die Löhne der Arbeiter und Angestellten wurden erhöht, die Urlaubszeiten verlängert. Frauen, die ein Kind bekommen hatten, mußten ein Jahr lang nicht arbeiten, Schwangere bekamen längeren Urlaub. Dazu kam ein großes »Wohnungsbauprogramm«. In allen größeren Städten entstanden Viertel mit neuen, großen Häusern. Viele Leute, die lange in zu kleinen Wohnungen hatten leben müssen, konnten endlich in neue, größere umziehen. Über die Miete mußten sie nicht nachdenken, die war auch in den Neubauten niedrig. Und die wichtigsten Nahrungsmittel blieben weiter so billig wie in keinem kapitalistischen Land.

All das kostete den Staat unglaublich viel Geld. Zwar hatte sich die Wirtschaft der DDR trotz aller Probleme seit dem Krieg recht gut entwickelt, doch seit den siebziger Jahren gab der Staat mehr Geld aus, als er mit seinen Betrieben verdiente. Zu den hohen Kosten für die Honecker-Geschenke ans Volk kamen neue wirtschaftliche Probleme. So wurde das Öl, das die DDR über viele Jahre von der So-

Einheit von Wirtschafts- und Sozialpolitik. Kindergarten im
Bitterfelder Industriegebiet, 1989.

wjetunion billig bekommen hatte, auf einmal teurer. Und als
die DDR ebenso wie die westlichen Länder begann, Com-
puter zu bauen, stellte sich das als unglaublich aufwendig
und teuer heraus.

In den achtziger Jahren erkannten immer mehr Wirtschaftsfunktionäre, daß die DDR nicht so weitermachen
konnte wie bisher. Sie gab viel zuviel Geld aus und mußte
sich immer wieder neues bei anderen Ländern borgen. Zum
Beispiel bei der reichen Bundesrepublik. Ausgerechnet
dort, wo der Kapitalismus galt, das angeblich schwächere
Wirtschaftssystem. Eigentlich hätte man die Löhne der Arbeiter senken müssen, die Mieten und die Preise für Brot,
Milch und so weiter hätten erhöht werden müssen. Neue

sich das Land gar nicht leisten. Doch
tscheidungen mochte Erich Honecker
:htete sein unzufriedenes Volk.

die DDR, als sie 1989/90 zusammenbrach,
.r. Etliche Betriebe hatten seit Jahren kein
iabt, um neue Maschinen anzuschaffen; und
eben ... konnten sie viel schlechter wirtschaften als
ähnliche Betriebe in der Bundesrepublik.

Sozialismus in der DDR hieß Volkseigentum und Planwirtschaft. Das waren schöne Ideen, die sich als wenig
praktisch erwiesen. Das bis in die kleinsten Verästelun-
gen durchgeplante Wirtschaftssystem sollte dem kapitalistischen überlegen sein, weil dort alle gegeneinander und
nur für sich selbst arbeiteten, während in der DDR alles mit
allem verbunden und abgestimmt war. Leider funktionierte
die Abstimmung nicht so, wie sie sollte. Und außerdem
zeigte sich, daß das Gegeneinander in der kapitalistischen
Wirtschaft – ein anderes Wort dafür ist: Konkurrenz – gerade dem Sozialismus gefehlt hat. Weil die Betriebe nicht
selbständig waren und nicht durch Konkurrenz gezwungen
waren, besonders gute Waren herzustellen, blieben die meisten von ihnen denen im Westen unterlegen.

Um auf das Beispiel vom Anfang zurückzukommen: Bis
zum Ende der DDR gab es auf den Straßen vor allem DDR-
Autos. Sie taugten nicht viel, doch wer so ein Auto endlich
hatte, war froh darüber. Als es die DDR nicht mehr gab,
kauften alle, die sich das leisten konnten, sofort Autos aus
dem Westen. Die aus den DDR-Betrieben wollte niemand
mehr haben.

Der Kapitalist
Werner Zeuke (1917–2001)

Er war ein geschickter Bastler und ein hervorragender Techniker. Nach dem Krieg machte er eine Mechanikerwerkstatt auf, in der er alle möglichen Geräte reparierte oder aus alten neue zusammenschraubte. Kurz vorm Weihnachtsfest 1945 bat ihn ein Kunde, eine elektrische Spielzeugeisenbahn zu bauen. Werner Zeuke tat es, bekam gutes Geld dafür – und hatte die Idee für einen eigenen Betrieb.

Er stellte ein paar Leute ein und produzierte von nun an nur noch Spielzeugeisenbahnen. Sie ließen sich so gut verkaufen, daß sein Betrieb schnell größer wurde. Werner Zeuke selbst spielte nie mit seinen Eisenbahnen. Er stellte sich von jeder Sorte eine in seinen Schrank und ließ sie dort verstauben. Er war jetzt kein Bastler mehr, sondern ein erfolgreicher Geschäftsmann.

Als solcher paßte er jedoch nicht in die sozialistische DDR. Er war schließlich ein Kapitalist, also einer, der andere Leute für sich arbeiten ließ. Die größeren kapitalistischen Betriebe sind gleich nach dem Krieg ihren Eigentümern weggenommen, »enteignet« worden und gehörten danach dem Staat. In den siebziger Jahren folgten die kleineren Betriebe, also auch der von Werner Zeuke.

Seine Firma lief hervorragend, sie verkaufte Eisenbahnen

in die ganze Welt. Trotzdem ist Werner Zeuke damit nicht reich geworden. Das verhinderten die Wirtschaftsgesetze der DDR. Nun aber mußte der Chef einen kleinen Zettel unterschreiben, auf dem stand, daß er seinen Betrieb an den sozialistischen Staat abgibt. Die Funktionäre zwangen ihn dazu.

Als Lohn bekam er eine hohe Auszeichnung, den »Vaterländischen Verdienstorden in Silber in Anerkennung hervorragender Verdienste beim Aufbau und bei der Entwicklung der sozialistischen Gesellschaft«. Stolz war er darauf nicht.

Werner Zeuke saß jetzt zu Hause und lebte von dem Geld, das ihm sein Staat gelassen hatte. Das war nicht viel. In seinem Keller bastelte er nun wieder: Er baute Kronleuchter, Weihnachtspyramiden und ritzte Pflanzennamen in Metallplättchen. Die Sachen verkaufte er und besserte so sein Haushaltsgeld ein wenig auf.

Nach dem Ende der DDR ging es mit dem Betrieb schnell bergab. Die Spielzeugeisenbahnen ließen sich nicht mehr so gut verkaufen, sie waren auf einmal viel teurer als früher. In der DDR hatten Spielsachen sowenig gekostet, weil der Staat Geld dazu gegeben hatte. Jetzt holten sie Werner Zeuke noch einmal in die Firma und hofften, er würde die Dinge richten. Doch es gelang ihm nicht. Das Spielzeugeisenbahnwerk, das er einmal aufgebaut hatte und das in der DDR-Zeit Millionen von Eisenbahnen hergestellt hatte, ging im Jahr 1993 pleite.

Die Schule
oder: **Wie man lernt, brav zu sein**

Es ist früh um acht, die Schulglocke hat geläutet, die Schüler der Klasse 5a stehen auf. Vorne wartet die Lehrerin auf die Meldung. Meldung muß sein im DDR-Unterricht. Niemand weiß so recht warum, es ist eben so. Ein Schüler steht neben der Lehrerin, er hebt die rechte Hand über den Kopf, ähnlich wie es die Soldaten tun. Er sagt mit lauter Stimme: »Ich melde, die Klasse 5a ist zum Unterricht angetreten. Es fehlen: Kathrin Kneudel und René Kurz.« Die Lehrerin sagt: »Danke«, wendet sich der Klasse zu und ruft: »Für Frieden und Sozialismus! Seid bereit!« Die Schüler rufen im Chor zurück: »Immer bereit!« Dann dürfen sie sich setzen, und der Unterricht beginnt.

Es ging in den Schulen der DDR ein wenig zu wie bei der Armee, sehr ordentlich und diszipliniert. Die Schüler saßen zu zweit an einer Schulbank, alle mit dem Gesicht zum Lehrer. Der stand vorn an der Tafel und redete, ihn sollten alle sehen und immer hören können. Es ging nicht so sehr darum, daß die Schüler lernen, selbst zu sprechen. Sie sollten zuhören und gehorchen.

Es hieß: »Ihr sollt einmal sozialistische Menschen werden.« Was das wohl sein sollte, ein sozialistischer Mensch? Auf jeden Fall einer, der den Sozialismus wunderbar und den Kapitalismus schlecht fand. Einer, der meinte, daß sein Land, die DDR, ein großartiges Land sei. Und er mußte gehorchen, das war das Wichtigste. Denn die obersten Sozialisten waren sich sicher, daß sie immer das Richtige taten. Was blieb da den kleinen Sozialisten übrig? Tun, was die Großen sagen, und nicht viel fragen.

Natürlich lernte man in der Schule auch Schreiben, Rechnen, Mathe, Chemie, Physik, all die Dinge also, die man heute auch lernt. Das brachten DDR-Lehrer den Schülern mindestens so gut bei wie die westdeutschen ihren. Möglicherweise war es in diesen Fächern sogar von Vorteil, daß es im DDR-Unterricht so brav zuging.

Aber schon beim Sprachenlernen zeigte sich, was dabei herauskommt, wenn junge Menschen immer nur nachsprechen müssen. Von der fünften Klasse an mußten alle Schüler Russisch lernen. Die Sowjetunion, wo die Leute russisch sprachen, war schließlich »der große Bruder« der DDR, und der kleine Bruder sollte schon verstehen, was der große sagte. Allerdings lernten die Schüler im Russisch-Unterricht kaum, wie man sich unterhält – es sprach ja meistens der Lehrer. Und sie lernten auch keine praktischen Sätze: »Ich habe Halsschmerzen« zum Beispiel oder: »Was gibt es zu essen?« Man mußte langweilige Texte auswendig lernen, über die Sozialistische Revolution etwa oder über die Sehenswürdigkeiten von Berlin und Moskau. Kein Wunder, daß kaum jemand gerne Russisch lernte und daß die meisten Leute, die in der DDR zur Schule gegangen sind, sich nur noch an wenige russische Wörter erinnern.

In einigen Schulen war es üblich, daß die Schüler Briefe

an Schüler in der Sowjetunion schrieben, die sie nie gesehen hatten. Und die schrieben dann zurück. »Brieffreundschaft« nannte sich das. Auch hier kann man wieder sagen: Tolle Sache, eigentlich; nur leider hat sie nicht so toll funktioniert. Denn worüber soll man schon auf Russisch schreiben, wenn man nur uninteressante Sätze in der Schule gelernt hat? »Ich gratuliere dir recht herzlich zum 60. Jahrestag der Großen Sozialistischen Oktoberrevolution.« Oder: »Das größte Gebäude in der Hauptstadt der DDR, der Fernsehturm, ist 365 Meter hoch.« So etwas konnte man schreiben. Leider schrieben die russischen Schüler ähnlich Langweiliges zurück.

Besonders wichtig waren der Geschichtsunterricht und ein Fach, das sich »Staatsbürgerkunde« nannte. Hier lernte man, was es mit dem Sozialismus und dem Kapitalismus auf sich hatte. Es ging zum Beispiel um die Wahlen: Da erfuhren die Schüler, daß die Wahlen in der DDR viel demokratischer seien als die Wahlen im Westen. Staatsbürgerkunde war ein unglaublich langweiliges Fach, weil stets nur das galt, was im Lehrbuch stand und was der Lehrer sagte. Natürlich ahnten viele, daß zum Beispiel das mit den Wahlen so nicht stimmen konnte – aber eine offene Diskussion zu führen, das trauten sich nur die wenigsten. Allerdings hing das von den Lehrern ab; es gab auch welche, bei denen man diskutieren durfte. Aber für gute Zensuren mußten alle Schüler genau das nacherzählen, was in den Schulbüchern stand.

In Geschichte erklärten die Lehrer, daß alle kapitalistischen Staaten früher oder später sozialistisch würden, ganz logisch. Im Schulatlas gab es ein paar Weltkarten, auf denen die sozialistischen Länder rot und die kapitalistischen blau markiert waren, eine von 1922, eine von 1949 und die dritte von 1979. Von Karte zu Karte gab es da mehr rote Länder. Es sah so aus, als sei der Sozialismus überall auf dem Vormarsch. Man konnte ja nicht ahnen, wie die Welt elf Jahre später aussehen würde: fast alles wieder blau.

Alle Schüler wußten, daß es im kapitalistischen Westen die besseren Sachen zu kaufen gab, Spielsachen, Anziehsachen und so weiter. Sie wußten, daß die Westdeutschen reisen konnten, wohin sie wollten – im Gegensatz zu den DDR-Bürgern. Auch die Lehrer wußten all das. Aber daß die Bundesrepublik deshalb ein besseres Land als die DDR gewesen sei, das hätte sich niemand zu sagen getraut.

So lernte man in der DDR schon in der Schule, daß es besser war, über bestimmte Dinge gar nicht zu sprechen oder nur so, wie es verlangt wurde.

Die Pionierorganisation war dazu da, aus den Schülern gute Sozialisten zu machen. Wenn der Schüler zu Beginn der Unterrichtsstunde die Hand zum Gruß über den Kopf hob, dann war das der sogenannte Pioniergruß. Der Ruf »Für Frieden und Sozialismus! Seid bereit!« – »Immer bereit!« gehörte zu diesem Gruß. Möglichst jeder Schüler sollte Pionier werden, und zwar von der ersten Klasse an. Da gab es ein großes Fest, zu dem alle eingeladen waren. Erwachsene hielten Reden, in denen sie vom Sozialismus erzählten, und wie gerecht und gut der sei. Und wer für das Gerechte und Gute sei, der dürfe nun Pionier werden. Es gab ein bißchen Musik, dann wurden die Schüler auf die Bühne gerufen, da bekam jeder ein blaues Tuch, das Pionier-

»Für Frieden und Sozialismus!« Pioniere auf dem Weg zur
Demonstration in Berlin Mitte, 1987.

halstuch, um den Hals gewickelt und einen Pionierausweis
in die Hand gedrückt.

Für die meisten Kinder war das der erste Ausweis, den
sie im Leben hatten. Ein richtiger Ausweis, mit Paßbild,
Name und Adresse. Natürlich waren sie stolz darauf: Mit
Ausweis ist man schließlich wer. Im Pionierausweis standen
zehn Regeln, wie sich ein Pionier verhalten sollte – sie hießen »Gebote«: Er sollte gut lernen, nett zu den Eltern sein,
anderen Leuten helfen und so weiter – lauter prima Sachen,
vor allem prima für die Erwachsenen, die sich sowieso nur
ordentliche und hilfsbereite Kinder wünschen.

Aber eigentlich bedeuteten die Pioniergebote nicht viel.
Man vergaß sie schnell wieder. Pionier zu sein, das hieß vor

allem: einmal im Monat das Pionierhalstuch nicht zu vergessen und nach dem Unterricht eine Stunde länger in der Schule bleiben zu müssen. Denn da war Pioniernachmittag, ein Treffen aller Pioniere der Klasse, angeleitet vom Klassenlehrer. Jeder Pionier mußte sein Halstuch tragen. Was an den Pioniernachmittagen geschah, daran erinnert sich kaum noch jemand – wie auch, Pioniernachmittage waren ungefähr so langweilig wie die Briefe an die sowjetischen Brieffreunde. Die Schüler saßen mit ihren Tüchern um den Hals im Kreis und sollten sich darüber unterhalten, wie wichtig das Lernen und wie großartig der Sozialismus ist. Das machte niemandem Spaß, wahrscheinlich nicht einmal den Lehrern, die die Sache leiteten. Aber es mußte eben sein.

In jedem Schuljahr einmal wurde der »Gruppenrat« gewählt, das war so etwas wie die Pionierregierung einer Klasse. Wer dazu gehörte, war ein kleiner Funktionär. Und alle Kinder lernten, wie Wahlen im Sozialismus funktionierten: Die Klassenleiterin suchte die fünf bravsten Schüler aus, fragte, wer damit einverstanden sei, daß diese nun die Pionierleitung der Klasse bildeten, und alle hoben die Arme. Natürlich waren alle einverstanden: Die braven sowieso, die trauten sich gar nicht, nein zu sagen. Und alle anderen, weil sie froh waren, selbst nicht in den Gruppenrat zu müssen. Denn die Mitglieder des Gruppenrates mußten nicht nur am Pioniernachmittag länger in der Schule bleiben, sondern auch zu den »Gruppenratssitzungen«. Und sie mußten sich um Dinge kümmern, die niemandem Spaß machten: Der »Kassierer« sammelte den Pionierbeitrag ein, von jedem ein paar Pfennige im Monat, der »Agitator« mußte Wandzeitungen machen. Wandzeitungen waren wichtig in den DDR-Schulen – jedenfalls waren die Lehrer dieser Meinung. Das waren Bretter, auf die Bilder und Texte geklebt waren, in denen es um Politik ging, Sozialismus, Kapitalismus und so weiter. Gelesen hat die Texte kaum jemand.

In der vierten Klasse tauschten die Pioniere ihre blauen Halstücher in rote ein. Sie hießen jetzt »Thälmann-Pioniere«. Ernst Thälmann galt als großer Held; er war in den zwanziger und dreißiger Jahren Vorsitzender der Kommunistischen Partei gewesen und ist von den Nazis umgebracht worden. In der siebten Klasse wurden die Thälmann-Pioniere »FDJler«. FDJ heißt »Freie Deutsche Jugend«, und der Unterschied zu den Pionieren bestand darin, daß die FDJler keine Halstücher trugen, sondern blaue FDJ-Hemden, und daß die Jung-Funktionäre nicht mehr »Gruppenrat« hießen, sondern »FDJ-Leitung«. Sonst war alles genauso: Einmal im Monat gab es eine langweilige Versammlung, und die Bravsten ließen sich von den anderen in die FDJ-Leitung wählen.

Fast alle Schüler waren Pioniere und später FDJler. Man wurde gar nicht gefragt, ob man das werden wollte oder nicht, es war einfach normal. Wer nicht dazugehören wollte, fiel auf – und wer will schon unbedingt auffallen? Dabei gab es gute Gründe, nicht Pionier oder FDJler zu werden: Zum Beispiel, weil man die DDR nicht für ein so großartiges Land hielt oder weil man die Halstücher und FDJ-Hemden peinlich fand. Es war merkwürdig: Niemand mußte unbedingt dazugehören, aber die meisten dachten: »Ehe mich meine Lehrer und Mitschüler komisch angucken, werde ich lieber Pionier.« So funktionierte vieles in der DDR. Nie-

»Hißt Flagge!«. FDJler beim Appell
vor einer Schule in Berlin Treptow, 1987.

mand machte es besonders gern, aber alle machten mit. Es
war bequemer, man dachte sich: »Wer weiß, was passiert,
wenn ich nicht mitmache.«

Eines war aber klar: Wer nicht bei der FDJ mitmachte,
hatte keine guten Chancen, einen Studienplatz zu bekommen. Es gab zwar kein Gesetz, nach dem Studenten Mitglieder der FDJ sein mußten. Aber jeder wußte, daß es bei der
Frage, ob jemand studieren durfte oder nicht, auf die Beur-

teilung der Schule ankam. Und wer kein FDJler war, mußte mit einer schlechten Beurteilung rechnen.

Die schlechteste Zensur war in der DDR-Schule nicht die Sechs, sondern die Fünf. Und eine Eins oder eine Zwei zu bekommen, war längst nicht so schwer wie heute. Es wurde freundlicher zensiert im Sozialismus, und so kam es gar nicht so selten vor, daß Schüler nur Einsen im Zeugnis hatten. Dabei gab es neben den Zensuren für die normalen Fächer, also Deutsch, Sport, Geschichte und so weiter, vier Extrazensuren. Und zwar für: Fleiß, Betragen, Ordnung und Mitarbeit. An diesen Noten konnte man sofort sehen, wer sich gut verhielt und wer nicht.

Alle paar Monate war Fahnenappell. An einem Morgen vor dem Unterricht mußten alle Schüler der Schule auf dem Schulhof in Reih und Glied antreten; die Pioniere im weißen Pionierhemd mit Halstuch, die FDJler im blauen Hemd. Es sollte feierlich zugehen, deshalb wurde so ein Appell gerne mit Musik begonnen. Die kam vom Kassettenrekorder. Leider leierte der meistens ein wenig. Deshalb war so ein Appell-Anfang eher lächerlich als feierlich. Aber lachen durfte natürlich niemand. Dann der merkwürdige Satz: »Hißt Flagge!« Wenn der Direktor den gerufen hatte, mußten zwei Schüler, die am Fahnenmast standen, die Fahne der DDR oder der FDJ langsam und mit ernster Miene am Seil hochziehen. Danach hielt der Direktor eine Rede, und die Schüler traten von einem Fuß auf den anderen und dachten sich: »Kann der das nicht kürzer machen?« Schließlich wurden ein paar besonders gute Schüler nach vorn gebeten. Sie bekamen eine Auszeichnung, eine Urkunde, eine

Medaille oder auch ein Buch. Danach senkte der Direktor die Stimme und sagte, daß es auch diesmal wieder neben dem schönen einen traurigen Anlass gebe. Es hätten sich ein paar Schüler danebenbenommen. Er zählte die Namen derer auf, die im vergangenen Monat besonders großen Mist gebaut hatten, die etwa die Schule geschwänzt oder einen Lehrer beleidigt hatten. Auch sie mußten nach vorn, wo ihnen der Direktor einen Tadel oder, noch schlimmer, einen Verweis aussprach.

In der DDR war alles etwas übersichtlicher als im Westen, auch das Schulsystem. Es gab nur zwei Sorten von Schulen: Diejenige, in die alle bis zur achten oder zehnten Klasse mußten, sie hieß »Polytechnische Oberschule«, abgekürzt: POS. Und für die besten Schüler die »Erweiterte Oberschule«, die EOS. Sie machten dort ihr Abitur. An allen Schulen des Landes lernten Schüler mit den gleichen Lehrbüchern. Privatschulen, für die die Eltern hätten Geld bezahlen müssen, gab es nicht.

Die Einheitlichkeit hatte den Vorteil, daß alle Schüler, solange sie nur brav genug waren, die gleichen Chancen hatten. Ob die Eltern Geld hatten oder nicht, wo sie wohnten, was ihnen wichtig war – alles egal, alle Schüler hatten den gleichen Unterricht. So sollte schließlich auch der Sozialismus funktionieren: Alle waren gleich, Geld spielte keine Rolle.

Die Eintragung
»David benimmt sich unmöglich ...«

Jeder Schüler hatte ein »Hausaufgabenheft«, da hinein schrieb er seine Hausaufgaben und die Lehrer Mitteilungen an die Eltern. Die Tadel oder Belobigungen mußten die Eltern unterschreiben.

Ich war elf Jahre, als ich meinen Eltern eine erstaunliche Eintragung zur Unterschrift vorzulegen hatte. Auf dem Heimweg von der Schule kamen wir immer an einem Spielzeugladen vorbei. Einmal kauften ein paar Freunde und ich dort vier Luftballon-Tröten, kleine Plastikaufsätze, die, wenn Luft durchbläst, laut quietschen. Kaum hatten wir den Laden verlassen, stellten wir fest, daß zwei unserer neuen Tröten kaputt waren. Leider hatte die Verkäuferin hinter uns den Laden abgeschlossen, sie wollte Mittagspause machen. Wir klopften gegen die Tür und machten mit den funktionierenden Tröten einen großen Lärm. Nach kurzer Zeit öffnete sich die Ladentür einen Spalt, und die Verkäuferin zog mich in den Laden hinein, weil ich am weitesten vorne stand. Hinter mir schloß sie die Tür wieder zu.

Wir hatten ihre Pause gestört – darüber war sie so wütend, daß sie mich gar nicht nach dem Grund fragte. Sie herrschte mich nur an, ich solle ihr unverzüglich mein Hausaufgabenheft geben. Selbstverständlich tat ich das, schließlich war sie eine Erwachsene, die keinen Spaß verstand. Ins

Hausaufgabenheft schrieb sie: »David benimmt sich im Spielwarenladen unmöglich.« Dann sagte sie, ich solle das sowohl meinen Eltern als auch meiner Schuldirektorin zur Unterschrift vorlegen, und setzte mich wieder vor die Tür.

Mein Vater schrieb damals Texte für die Satirezeitschrift »Eulenspiegel«. Darin konnte man sich – in engen Grenzen selbstverständlich – über Merkwürdigkeiten in der DDR lustig machen. Die bitterernst gemeinte Spielzeugladeneintragung fand er so lustig, daß er einen Text darüber für den »Eulenspiegel« schrieb. Darin schlug er vor, daß jeder DDR-Bürger stets eine Art Hausaufgabenheft mit sich tragen sollte. In Läden und bei Behörden könne er sich darin bescheinigen lassen, wie sein Benehmen sei. Mit Hilfe dieser wertvollen Hinweise würde jeder ganz leicht zur »sozialistischen Persönlichkeit« reifen.

Ein paar Monate später erfuhr ich, daß die Angelegenheit Folgen hatte – und zwar für die Spielzeugladenverkäuferin. Ihr hatte man nach dem Eulenspiegel-Artikel die »Jahresendprämie« gestrichen. Das war eine Extrazahlung, die Angestellte am Ende des Jahres bekamen, wenn sie sich stets gut verhalten hatten. Mit der Eintragung in mein Hausaufgabenheft war sie wohl ein wenig zu weit gegangen. Jetzt hatte man sie bestraft, weil sie mich hatte bestrafen wollen. Das tat mir nun auch irgendwie leid.

Scheiß Osten!
oder: **Woher die schlechte Laune kommt**

Was ist wichtiger: Freie Wahlen oder volle Läden? In der DDR gab es keine freien Wahlen. Die Leute konnten nicht selbst bestimmen, wer sie regieren sollte. Keine schöne Sache – aber für die meisten Leute war es noch viel schlimmer, daß sie in den Läden nicht kaufen konnten, was sie wollten. Wählen muß man alle vier Jahre, einkaufen jede Woche. Und wenn das mit dem Einkaufen nirgends gut funktioniert, dann fragt man sich, ob im ganzen Land irgend etwas schiefläuft.

Wer heute Lust auf Brötchen oder auf Bananen hat, der geht ins Geschäft und kauft sie sich. In der DDR war das nicht so einfach. Bananen gab es fast nie, und wenn es doch mal welche gab, dann wollten so viele Leute welche kaufen, daß es vor dem Obstladen eine lange Schlange gab.

Bananen wuchsen nicht in der DDR, sie mußten aus fernen Ländern hergeschafft und teuer bezahlt werden. Da kann man schon verstehen, daß es sie nicht immer zu kaufen gab.

Aber wie war das mit den Brötchen? Davon hätte man jederzeit genug backen können. Trotzdem mußten die Leute sehr früh zum Bäcker gehen und sich dort lange anstellen, wenn sie frisch gebackene Brötchen haben wollten. Wer zu

Sozialistisches Wartekollektiv vor einer Fleischerei
in Berlin Prenzlauer Berg, 1981.

spät kam, wurde vom Bäcker nur müde angelächelt: »Brötchen um zehn? Wo leben wir denn?«

Ein Gesetz bestimmte, daß ein Brötchen nur fünf Pfennig
kosten durfte. Billige Brötchen – wunderbar. Nur leider
konnte kein Bäcker so viele Brötchen backen, wie die Leute
kaufen wollten. Er hätte sich größere Öfen anschaffen und
Hilfsbäcker einstellen können – aber dafür fehlte ihm das
Geld. Er hätte die Brötchen teurer verkaufen müssen, doch
das durfte er nicht.

Mit vielen anderen Sachen war es ähnlich. Gute Ra-
dios, Jeans, Schallplatten von Westmusikern: Entweder man
konnte sie gar nicht kaufen oder nur mit viel Glück: Weil
man gerade an einem Laden vorbeikam, wo es zufällig mal

so etwas Besonderes gab. Wer vor einem Geschäft eine Menschenschlange sah, fragte, was es hier zu kaufen gebe. Gut möglich, daß er selbst das auch brauchen konnte.

DDR-Menschen verbrachten sehr viel Zeit in Warteschlangen. Leute, die aus Westdeutschland zu Besuch kamen, wunderten sich über deren Geduld. Sie ahnten ja nicht, daß es gar keinen Zweck hatte, sich zu beschweren. Denn nur weil sich jemand beschwert hatte, buk bestimmt kein Bäcker mehr Brötchen. An dem Fünf-Pfennig-pro-Brötchen-Gesetz konnte er schließlich nichts ändern.

Die Geduld der Leute war aber auch nicht unendlich groß. Niemand stand gerne in der Schlange. Alle schimpften: »Scheiß Osten!«. Denn man lebte in Ostdeutschland, und man wußte, daß die im Westen solche Probleme nicht hatten. »Der Osten« war schuld, der »Scheiß Osten«. Der Fluch war sehr verbreitet, vor allem unter jüngeren Leuten. Da half die ganze Erziehung in der Schule nichts.

Alle meckerten. Wenn zum Beispiel das Auto des Bäckers kaputtging, der immer zuwenig Brötchen buk, dann ging er in die Autowerkstatt. Dort sagten sie ihm: »Guter Mann, kommen Sie doch in einem Monat wieder, dann können wir Ihnen vielleicht weiterhelfen. Wir haben gerade keine Ersatzteile.« Nun rief der Bäcker: »Scheiß Osten.« Der Automechaniker konnte auch nur mit den Schultern zucken. Was konnte er denn dafür, daß er keine Ersatzteile aus der Autofabrik bekam? Er war ganz derselben Meinung: »Scheiß Osten.« Und die Leute in der Autofabrik? Bei denen war gerade eine Maschine kaputtgegangen, deshalb konnten sie die Ersatzteile nicht herstellen.

Eine neue Maschine bekamen sie nicht so schnell. Was werden die Leute in der Autofabrik da wohl gesagt haben?

Man kann nicht behaupten, daß es den Leuten in der DDR wirklich schlechtging. Genug zu essen gab es allemal, jedenfalls seit den fünfziger Jahren, und ein Dach überm Kopf hatten auch alle. Aber so ist der Mensch nun mal: Er will nicht nur leben, er will schön leben. Und wenn er weiß, daß es den Menschen im Nachbarland besser geht, dann ist er unzufrieden. Alle Leute wußten, daß man in Westdeutschland jederzeit Brötchen kaufen konnte, Autoersatzteile und was man sonst noch braucht.

Es gab sogar das Gerücht, daß die Leute im Westen viel freundlicher seien als die in der DDR. Manche DDR-Menschen durften ja in den Westen reisen. Wenn sie zurückkamen, fiel ihnen auf, daß die Leute in ihrem eigenen Land irgendwie grau aussahen, unzufrieden. Tatsächlich hatte man es in der DDR sehr oft mit unfreundlichen Leuten zu tun. Die Bäcker erklärten natürlich nicht jedem Kunden, der zu spät Brötchen kaufen wollte, die Sache mit dem Fünf-Pfennig-Gesetz. Sie waren eher genervt über die immer gleiche Frage der Leute, die so dämlich waren, so spät zum Bäcker zu kommen. Und wer genervt ist, ist nicht freundlich.

Oder nehmen wir die Kellner. Kellner im Restaurant sollten ihre Gäste freundlich bedienen. Dafür werden sie bezahlt. In der DDR war es anders. Es gab zuwenig Restaurants, und die Kellner waren der Meinung: »Bei uns einen Tisch zu bekommen ist schon ein großes Glück, da darf der Kunde nicht noch verlangen, freundlich bedient zu werden.« Trinkgeld bekamen die Kellner trotzdem, weil die Kunden tatsächlich dankbar waren, überhaupt bedient worden zu sein.

In der DDR mußte kein Kellner oder Verkäufer oder Taxifahrer befürchten, seinen Job zu verlieren, nur weil er zu den Kunden unfreundlich war.

Obwohl es nicht ratsam war, überall deutlich zu sagen, was man vom Land hielt, wußte die Parteiführung recht gut, was die Leute dachten. Ob sie unzufrieden waren, weil es eine Zeitlang keine Farbfernsehgeräte gab oder auch mal kein Toilettenpapier – alles war bekannt. Denn es war üblich, sich »ganz oben zu beschweren: Sollte man seine Wut am Verkäufer auslassen, der keine Fernsehgeräte geliefert bekam? Man wußte doch, daß die wichtigen Entscheidungen ganz woanders getroffen wurden. Deshalb schrieben viele Leute ihre Beschwerden direkt an die Parteiführung, ans Zentralkomitee der SED zum Beispiel – oder gleich an Erich Honecker.

Außerdem gab es überall im Land Funktionäre und auch Stasi-Spitzel, die Bescheid sagten, worüber die Leute mekkerten. Nun mag die DDR eine Diktatur gewesen sein, in der niemand in aller Öffentlichkeit sagen durfte, daß der Sozialismus mies und die SED ein übler Haufen war. Aber die Funktionäre wollten schon, daß es den Leuten gutging. Wenn sie erfuhren, daß es keine Autoersatzteile gab, dann bekamen die Direktoren der Autofabriken Ärger. Und natürlich überlegten sie auch, wie man die Sache mit den Brötchen ändern könnte. Letztlich jedoch konnten die Direktoren der Autofabriken auch nicht zaubern – wenn dort eine Maschine kaputt war, dann war sie eben kaputt; und das Fünf-Pfennig-für-ein-Brötchen-Gesetz mochten die Oberfunktionäre nicht verändern. Sie befürchteten, daß die Leute sich noch mehr aufregen würden, wenn so wichtige Dinge wie Brötchen auf einmal mehr kosten würden.

Im Jahr 1976 wurde der Kaffee auf der ganzen Welt teurer. In den Ländern, wo der Kaffee wuchs, verlangten die Kaffeepflanzer auf einmal viel mehr für ihre Kaffeebohnen. Selbst in den westlichen Ländern mußten nun die Leute in den Läden etwas mehr Geld für den Kaffee ausgeben. Nie wären sie dort auf die Idee gekommen, ihrem Land oder ihrer Regierung die Schuld dafür zu geben. »Scheiß Westen!« hätte da niemand gesagt. In der DDR war das anders, denn hier war ja der Staat für alles verantwortlich, also auch für den Kaffee. Es kam zur »Kaffeekrise«. Auf einmal gab es die etwas billigeren Kaffeesorten in den Läden gar nicht mehr, und in den Restaurants und Betrieben bekamen die Leute nur noch ein braunes Ersatzgebräu, das zwar »Kaffee« hieß, aber kaum noch danach schmeckte. Man hatte echtes Kaffeepulver mit einem Gemisch aus Getreide und Zuckerrübenraspeln vermischt. Man muß wissen, daß Kaffee extrem wichtig war in der DDR. Denn die Leute machten sehr gerne und sehr oft Kaffeepause. Jetzt bekamen sie nur noch den Ersatzkaffee vorgesetzt – und das ging doch zu weit! Tausende beschwerten sich. Und zwar wo? Natürlich bei der Partei und bei der Regierung, denn die bestimmten ja alles. Und sie hatten großes Glück: Im Jahr 1978 senkten die Kaffeepflanzer die Preise wieder. Partei und Re-

Werbung im Sozialismus. Leuchtreklame eines
Möbelgeschäfts in Berlin Prenzlauer Berg, 1985.

gierung konnten dem Volk verkünden: »Seht, wir haben uns
gekümmert. Jetzt gibt es wieder guten Kaffee.«

Wer in der Hauptstadt der DDR, in Berlin, wohnte, der
hatte es noch etwas besser als der Rest im Land. Denn die
Berliner Läden wurden von den Fabriken immer zuerst
beliefert. Das lag daran, daß in der Hauptstadt die meisten
Funktionäre wohnten, und die sollten doch einen guten
Eindruck von den Fabriken haben. Außerdem kamen die
meisten Besucher aus dem Ausland nach Berlin, und auch
die sollten denken: »Sieh mal an, so schlecht sieht es in der
DDR gar nicht aus.«

Und was taten die Leute in den anderen Städten? Sie
meckerten natürlich und sie beschwerten sich. Und es

nützte gar nichts. Also fuhren sie, wenn es bei ihnen keine Windeln, keinen Honig oder keine guten Spielsachen gab, nach Berlin und kauften dort ein.

Weil es in den Läden oft so traurig aussah, leere Regale, schlecht gelaunte Verkäufer, die nur »Hamwanich'« sagten, gab die Parteiführung zu Beginn der achtziger Jahre die Weisung heraus, daß jede Fabrik in der DDR irgend etwas herstellen mußte, das in den Läden verkauft werden konnte. Was für ein Blödsinn! Es gibt ja jede Menge Fabriken, die Dinge herstellen, die man nicht im Alltag braucht, und die man deshalb in keinem normalen Laden kaufen kann. Große Schiffe zum Beispiel oder Betonplatten für die Straßen. Auch solche Fabriken mußten jetzt nebenher irgend etwas für die ganz normalen Läden bauen. So kam es, daß eine Schiffsfabrik auch noch Kehrschaufeln herstellte. »So, bitte schön«, konnte der Schiffsfabrikdirektor nun melden, »für unsere Menschen in der DDR stellen wir prima Kehrschaufeln her.« Dumm daran war nur, daß die Leute und die Maschinen in der Fabrik, die mit der Kehrschaufelherstellung beschäftigt waren, jetzt bei der Schiffsherstellung fehlten.

So war das in der Planwirtschaft: Alles sollte von der Partei und der Regierung geregelt werden. Alle sollten zufrieden sein. Aber irgendwas hat immer nicht funktioniert, und die Leute waren sauer.

Der blasse König
Erich Honecker (1912–1994)

Erich Honecker war ein einfacher Mann. Er hat nie studiert. Wenn er vor vielen Leuten sprach, dann mußte er seinen Text vom Blatt ablesen, doch leider las er dann so nuschelig, daß man ihn schlecht verstand. Wenn er besonders schlagfertig sein wollte, dann hörte sich das zum Beispiel so an: »Den Sozialismus – so sagt man bei uns immer – in seinem Lauf halten weder Ochs noch Esel auf. Diese alte Erkenntnis der deutschen Arbeiterbewegung findet durch die große Initiative der Werktätigen der DDR ihre aktuelle Bestätigung!«

Erich Honecker wirkte wie ein mittelmäßiger, eher uninteressanter kleiner Mann, doch er regierte die DDR 18 Jahre lang wie ein König: Er hatte stets das letzte Wort, niemand getraute sich, ihm zu widersprechen. Und abwählen konnte man ihn schon gar nicht.

Das Saarland, weit im Westen Deutschlands, war Erich Honeckers Heimat, bis zum Schluß sprach er seinen saarländischen Akzent. Viele hielten das irrtümlich für Sächsisch, weil die meisten SED-Funktionäre sächsisch sprachen. Er lernte den Beruf des Dachdeckers, doch lange hat er nicht als solcher gearbeitet. Denn schon früh gelangte er in die Politik. Nach einer kurzen Schulung in Moskau wurde Honecker Funktionär der Kommunistischen Partei Deutschlands. Als die Nazis Deutschland regierten, bewies er großen Mut und kämpfte gegen sie im Untergrund. 1935 wurde er verhaftet und saß zehn Jahre seines Lebens, bis 1945, im Zuchthaus.

Nach dem Krieg war er zunächst Vorsitzender des sozialistischen Jugendverbandes »Freie Deutsche Jugend« und wurde dann schnell zu einem der wichtigsten SED-Funktionäre. Parteichef war damals noch Walter Ulbricht. 1961 organisierte Erich Honecker den Bau der Mauer in Berlin. Als er 1971 SED-Parteichef wurde, sollte es so aussehen, als habe Walter Ulbricht ihm den Posten überlassen, weil er, Ulbricht, alt und krank geworden war. In Wirklichkeit hatte Erich Honecker seinen Vorgänger bei der sowjetischen Regierung als ungehorsam und unzuverlässig angeschwärzt. Als er an die Macht kam, setzten viele Leute große Hoffnungen auf den neuen Parteichef. Er war jünger als Ulbricht, man hoffte, er würde nicht so starrköpfig sein.

Für Erich Honecker waren zwei Dinge besonders wichtig: Er wollte, daß es den Menschen in seinem Land gutging – solange sie nicht am Sozialismus und an der SED zweifelten. Deshalb sorgte er dafür, daß sie etwas mehr verdienten und daß mehr Wohnungen gebaut wurden. Und er wollte Anerkennung. Seine DDR sollte auf der ganzen Welt nicht nur als kleiner östlicher Teil von Deutschland betrachtet werden, sondern als selbständiger und wirtschaftlich starker Staat. Wenn er im Ausland von anderen Staatschefs mit allem Brimborium empfangen wurde, dann genoß er das sehr.

Nie wäre Erich Honecker auf die Idee gekommen, von selbst zurückzutreten. Im Herbst 1989, als der DDR die

Menschen zu Tausenden wegliefen und noch viel mehr gegen die SED-Herrschaft demonstrierten, mußten ihn seine Funktionärskollegen zwingen, sein Amt aufzugeben. Da war er bereits ein alter, kranker Mann, der überhaupt nicht mehr wußte, wie es wirklich in seinem Land aussah. Er dachte tatsächlich, daß die meisten DDR-Bürger ihn mochten und seine Politik für richtig hielten. Die Funktionäre hatten ihm auch nie etwas anderes berichtet, weil sie Angst hatten, als Miesmacher dazustehen.

Als sich in der DDR die Verhältnisse auf einmal drehten und niemand mehr blieb, der zu ihm hielt, fand Erich Honecker mit seiner Frau zunächst Unterschlupf bei einem Pfarrer. Dabei hatte er nie etwas mit der Kirche zu tun. Der Pfarrer fand nur: Dies ist ein alter, kranker Mann; auch wenn er große Fehler begangen hat, muß man ihm helfen. 1991 flüchtete Erich Honecker nach Moskau. Als er selbst dort nicht mehr erwünscht war, mußte der ehemalige Staats- und Parteichef nach Deutschland zurück. Seinen Staat, die DDR, gab es inzwischen nicht mehr. Man stellte ihn wegen des Schießbefehls an der Mauer vor Gericht. Weil er aber todkrank war, wurde die Verhandlung unterbrochen, und Erich Honecker konnte nach Chile fliegen, wo er 1994 starb.

Der goldene Westen
oder: **Warum es woanders so schön ist**

Jeder wußte: Im Nachbarland Bundesrepublik herrscht der Kapitalismus, und der Kapitalismus ist kein System, in dem es allen Leuten gleich gutgeht. Dennoch war der Westen für viele die bessere Welt. Dort konnte jeder tun und lassen, was er wollte. Die Leute waren scheinbar reich – schon weil sie West-Geld hatten und kein Ost-Geld. Für West-Geld konnte man sich selbst im Osten all die Dinge kaufen, die es dort in den normalen Läden gar nicht gab. Viele stellten sich den anderen Teil Deutschlands noch viel schöner vor, als er in Wirklichkeit war. Sie sagten »Der goldene Westen« dazu. Wie es dort wirklich aussah, ob dort wirklich alles gut duftete und hell glänzte, ob sich alle Leute wirklich alles kaufen konnten, das wußten sie nicht, denn sie durften ja nicht hin. Es gab schließlich die Mauer.

Daß der Westen keine völlig unbekannte Welt war, lag am »Westfernsehen«. Die DDR hatte zwei eigene Fernsehsender, zu denen sagten alle »Ostfernsehen«, und die Bundesrepublik hatte damals drei Sender, das sogenannte »Westfernsehen«. Fast überall in der DDR konnte man die Westsender empfangen, nur in manchen Gegenden, die weit von der Grenze zur Bundesrepublik entfernt waren, nicht. Die meisten Leute guckten lieber West- als Ostfernsehen – weil da die besseren Filme liefen. Außerdem waren die Nachrichten nicht so langweilig wie die in den DDR-Sendern. Und: Es gab die Werbung. Da sah man, was sich die Leute im Westen für wunderschöne Sachen kaufen konnten. Sachen, die es in der DDR nicht gab, jedenfalls nicht in den normalen Läden.

In der Schule und im DDR-Fernsehen hieß es immer, daß es den Leuten im Westen gar nicht so gutgehe. Es sei eine kalte Welt mit wenig reichen Menschen und sehr vielen armen. Kapitalismus eben. Konnte das denn wahr sein? War die Werbung im Westfernsehen nur für die paar Reichen da? Alle wußten, daß das nicht stimmen konnte. Sicher, es gab Ärmere und Reichere im Westen, das war allen klar. Aber so schlimm, wie es die Funktionäre beschrieben, konnte es einfach nicht sein. Die wollten doch bloß von den Problemen in der DDR ablenken! So dachte man jedenfalls.

Und so kam es, daß viele DDR-Menschen eine viel bessere Meinung von Westdeutschland hatten als die Westdeutschen selbst. Die wußten, daß sich längst nicht jeder alles kaufen konnte, was schön glänzte. Wenn jemand in der DDR sagte: »Scheiß Osten!«, dann dachte er gleichzeitig: »Im Westen haben sie es besser.«

Außer der Werbung im Westfernsehen bekam man ja auch noch ein paar mehr Dinge mit. Zum Beispiel wußte jeder, daß Westautos schneller fuhren als Ostautos und daß sie besser aussahen. Gegen Trabant und Wartburg wirkten Opel und Mercedes wie Wunderwerke aus einer anderen Welt. Und dann erfuhr man noch, daß sie im Westen diese Wunderwerke einfach so kaufen konnten, wenn sie nur das nötige Geld hatten. Einfach in den Autoladen rein, sagen: »Ich hätte gerne dieses da«, und der Verkäufer freut sich auch noch drüber – in der DDR unvorstellbar.

Nur sehr wenig Westdeutsche besuchten die DDR, weil sie sich diesen Teil Deutschlands einmal angucken wollten. Für sie war das eine graue, unfreundliche Welt. Sie gehörte nicht zu »ihrem« Deutschland. Wenn Westdeutsche rüberkamen, dann vor allem, um ihre Verwandten zu besuchen. Es war ja nicht so lange her, daß die Mauer gebaut worden war, es gab noch jede Menge Geschwister, Onkel, Tanten und Eltern, die im jeweils anderen Land lebten. Wenn jemand die Verwandten in der DDR besuchte, dann brachte er Geschenke mit, das gehörte sich so. Es mußten gar keine teuren Sachen sein, mit Kaffee, Schokolade und Damenstrumpfhosen konnte man denen im Osten schon eine große Freude machen. Der Kaffee und die Schokolade, die sie in ihren Läden zu kaufen bekamen, schmeckten einfach nicht so gut wie die aus dem Westen. Und die DDR-Damenstrumpfhosen konnte man sowieso vergessen.

Jedes Kind in der DDR, das von seinem Onkel oder seiner Oma aus dem Westen Spielzeug oder Anziehsachen bekam, hatte den Eindruck, daß der Westen ein Paradies sein müsse. So wunderbare Sachen gab es in den DDR-Läden niemals. Und am nächsten Tag zeigte das Kind die neuen Jeans oder Matchboxautos stolz den Freunden. Auch denen, die keine Westverwandten hatten. Und schon waren auch die der Meinung, daß der Westen »golden« sein müsse.

Wer keine Verwandten im Westen hatte, war dumm

Schöner ist's, wo wir nicht sind. West-Werbung vor einer Fleischerei in Potsdam, Frühjahr 1990.

dran. Er konnte nur auf seine Großeltern hoffen. Denn alte DDR-Leute, die nicht mehr arbeiteten, durften in den Westen fahren. Dagegen hatte ihr Land nichts. Und die konnten dann diese wunderbaren Sachen mitbringen. Für große Geschenke hatten sie natürlich nie genug Geld.

Das Geld hieß zwar in Ost- und Westdeutschland gleich: Mark und Pfennig. Eine DDR-Mark war aber etwas völlig anderes als eine West-Mark. Für die DDR-Mark bekam man im Westen gar nichts. Und einfach so umtauschen, eine Mark für eine Mark, das ging nicht. Denn eine West-Mark war viel mehr wert: Man konnte dafür schließlich die besseren Sachen kaufen. Es gab ein paar Leute, die genug Westgeld hatten, zum Beispiel weil es ihnen ihre reichen Verwandten aus dem Westen geschenkt hatten. Die tauschten es manchmal gegen Ostgeld. Allerdings verlangten sie für eine Westmark vier Ostmark oder mehr. So viel war das Westgeld in der DDR wert.

Erstaunlicherweise gab es in der DDR ein paar Läden, in denen man Westsachen für Westgeld kaufen konnte: Sie hießen »Intershop«. Das war eigentlich etwas Unerhörtes. Ein Stück »goldener Westen« mitten im »Scheiß Osten«. Dort roch es besser als in allen normalen Läden, nämlich nach einer Mischung aus Westwaschmittel und Westsüßigkeiten – jeder ehemalige DDR-Bürger erinnert sich noch genau an diesen Intershop-Geruch. Und dort konnte man für West-Mark all die schönen Dinge kaufen: Kaugummi, Jeans, Lego, Bohrmaschinen.

Es war schon eine merkwürdige Welt: Die Leute lebten im Sozialismus, und sie lernten, daß der Sozialismus besser für die Menschen sei als der Kapitalismus. In den Intershops konnte aber jeder sehen, daß die Sachen aus dem kapitalistischen Westen viel besser waren als die, die es in ihrer sozialistischen DDR sonst so gab. Ob einer nun Sozialist war oder nicht, das war im Intershop egal. Hier ging es nur darum, ob er Westgeld hatte.

Warum aber ließ die SED das zu? Warum gab es die Intershops überhaupt? Deutlicher als hier konnte man doch gar nicht zeigen, daß die kapitalistische Wirtschaft besser funktionierte als die sozialistische. Ganz einfach: die DDR brauchte das Westgeld, besser gesagt, die DDR-Wirtschaft brauchte es. Es waren ja nicht nur die Kaugummis und die Jeans, die es nur im Westen gab. Besondere Maschinen, wertvolle Rohstoffe – solche Sachen mußte der Staat selbst im Westen einkaufen. Dafür brauchte er das Geld aus den Intershops dringend.

Wenn man den Osten mit dem Westen verglich, dann ging es aber nicht nur um die schönen Dinge und um das Geld. Es ging auch um die Freiheit. Die Freiheit, zu reisen, wohin man will, und zu sagen, was man will. Die Westdeutschen durften das. Ihre Regierung mußte keine Angst haben, daß die Leute fortliefen und nicht mehr wiederkamen. Sie hatte keine Mauer an der Grenze gebaut. Mal nach Italien fahren, nach Frankreich oder nach Ägypten – wer es sich leisten konnte, durfte das im Westen immer.

DDR-Leute durften nur in die anderen sozialistischen Länder fahren, also in die Tschechoslowakei, nach Bulgarien oder in die Sowjetunion. Dort ging es auch nicht besser zu als in der DDR. Von dort kamen alle wieder zurück. Hätten sie einfach so in den Westen gedurft, in den »goldenen«, wären viele dort geblieben. So ist es bis 1961 ja geschehen, genau deshalb war die Mauer gebaut worden. Nun mußte man warten, bis man Rentner war.

Daß jeder im Westen überall sagen durfte, was er wollte, daß er Kritisches über seine Regierung sagen durfte, daß er all das auch veröffentlichen konnte in Zeitungen und Büchern und daß niemand diese Zeitungen und Bücher verbot – darum beneideten die DDR-Leute ihre Nachbarn in der Bundesrepublik auch. Vor allem die Oppositionellen, also diejenigen, die nicht einfach vor sich hinleben und hin und wieder »Scheiß Osten!« schimpfen wollten, sondern die ihr Land besser machen wollten.

Die Autos, die Schokolade, die Freiheit – alles war besser im Westen. Wirklich alles? Dann hätten doch alle DDR-Menschen nur eines gewollt: Nichts wie rüber! Doch erstens leben viele am liebsten dort, wo sie aufgewachsen sind und wo ihre Freunde sind. Und zweitens hielten trotz allem eine Menge Leute den Sozialismus für eine gute Idee.

Für diejenigen, die dennoch in den Westen wollten, gab es trotz Mauer und Schießbefehl ein paar Möglichkeiten hinüberzukommen. Man konnte einen »Ausreiseantrag« stellen. Das heißt, man konnte an die Funktionäre einen Brief schreiben und höflich darum bitten, in den Westen umziehen zu dürfen: Man *beantragte* damit die *Ausreise* aus der DDR, deshalb hieß das »Ausreiseantrag«. Das Dumme daran war: Man wußte nie genau, wie die Funktionäre darauf reagierten. Daß man nicht sofort »ausreisen« durfte, soviel war klar. Aber ob es ein Jahr dauerte oder fünf, bis es endlich hieß: »Sie dürfen fahren«, das wußte niemand. Vielen wurde auch gesagt: »Sie lassen wir überhaupt nicht weg!«, und einige verloren ihre Arbeit, weil sie hinüberwollten.

Hin und wieder kam es vor, daß Leute in den Westen reisen durften, um dort zu arbeiten. Künstler zum Beispiel, die dort Theater spielen oder Musik machen sollten. Und manchen wurde sogar erlaubt, zu einem Geburtstag ihrer Eltern oder ihrer Geschwister hinüberzufahren. Von den Leuten, die mal rüber durften, blieben einige im Westen. Genau davor hatten die Funktionäre Angst, und deshalb erlaubten sie die Reisen in den »goldenen Westen« nur sehr selten.

Falko Götz (geboren 1962)

Die erfolgreichste Fußballmannschaft der DDR kam aus Berlin. Sie hieß BFC Dynamo und war nicht besonders beliebt im Land. Denn sie war die Lieblingsmannschaft des obersten Stasi-Generals, Erich Mielke. Der sorgte dafür, daß die besten Fußballer der DDR beim BFC spielten. Kein Wunder, daß die Mannschaft andauernd die Meisterschaften gewann.

Weil Falko Götz einer der besten Fußballer des Landes war, holten sie ihn zum BFC. Einerseits war das ein großes Glück – denn wer will nicht bei den Gewinnern mitspielen. Andererseits war es auch schnell langweilig – wer will schon immer nur in der DDR gewinnen. Falko Götz war ehrgeizig. Er wollte mehr. Und so gut der BFC auch im Vergleich zu den anderen DDR-Mannschaften war – gegen die besten Mannschaften anderer Länder sah es nicht so toll aus. Nun konnten sich die Fußballer nicht einmal innerhalb der DDR ihren Verein aussuchen. Bei der Mannschaft eines anderen Landes zu spielen, kam schon gar nicht in Frage. Und Falko Götz wollte auch noch in die westdeutsche Bundesliga!

Jeder DDR-Mensch, der sich für Fußball interessierte und der Westfernsehen empfangen konnte, guckte sich die Bundesligaspiele an. Es hieß, sie spielten dort besseren Fußball als in der DDR. Das mag stimmen, immerhin war die Bundesrepublik ein viel größeres Land als die DDR – da gab es natürlich auch mehr gute Fußballer. Daß Falko Götz dorthin wollte, lag aber bestimmt nicht nur daran, daß es dort die besseren Mannschaften gab. Das Geld wird auch eine Rolle gespielt haben. Den besten Spielern in der DDR ging es nicht schlecht, im Vergleich zu normalen Arbeitern bekamen sie nicht wenig Geld. Im Vergleich zu dem, was Bundesliga-Profis bekamen, war es aber lächerlich.

Falko Götz plante seine Flucht gut. Bei einem Auslandsspiel des BFC wollte er verschwinden. Da so etwas schon andere Fußballer vor ihm getan hatten, gab es immer Aufpasser, die darauf achteten, daß sich niemand davonmachte. Als der BFC 1983 in Jugoslawien spielte, gaben sie nicht so gut acht. Da lief Falko Götz zur Botschaft der Bundesrepublik und gelangte so schließlich in den Westen. Er war damals 21 Jahre alt. Weder Eltern noch Freunden hatte er von seinem Fluchtplan erzählt, damit er auf keinen Fall verraten werden konnte.

In Westdeutschland bekam Falko Götz schnell Angebote von verschiedenen Vereinen. Das beste machte Bayer Leverkusen. Endlich konnte der ehrgeizige Sportler Bundesligafußball spielen. Mit Leverkusen gewann er zwar nie eine Landesmeisterschaft – so wie damals noch mit dem BFC –, dafür 1988 aber den UEFA-Pokal, die Meisterschaft der besten europäischen Vereine. Davon konnte man beim BFC nur träumen. Sportlich hat sich die Flucht für Falko Götz also gelohnt. Und viel mehr Geld verdiente er mit dem Fußball nun auch. Westgeld.

Die Wende
oder: **Warum auf einmal alles anders kommt**

Auf einmal war alles vorbei. Das Ende der DDR war so kurz, wie es niemand je gedacht hätte. Am 7. Oktober 1989 feierte das Land seinen 40. Geburtstag, es gab eine große Demonstration, auf der die Leute DDR-Fahnen schwenkten. Die höchsten Funktionäre standen wie immer oben auf ihrer Tribüne und freuten sich über ihr gehorsames Volk. Sie dachten, es sei ein zufriedenes Volk. Ein Jahr später gab es die DDR nicht mehr.

So plötzlich, wie es damals aussah, ist das Ende der DDR aber doch nicht gekommen.

Stellen wir uns einen Menschen vor, der eine schwere und unheilbare Krankheit hat. Doch er sagt niemandem etwas davon. Niemand ahnt, wie ernst es um ihn steht. Der Kranke schminkt sich stets ein wenig, damit die Leute nicht sehen, wie blaß er ist, er sagt allen, es gehe ihm bestens. Auf einmal bekommt er eine Erkältung. Eine Erkältung? Die Leute wundern sich: Er war doch immer so gesund, einmal, vor vielen Jahren, war er mal erkältet, aber damit ist er schnell fertig geworden. Weil die geheime Krankheit ihn jetzt so sehr geschwächt hat, stirbt der Mann an der Erkältung.

So ungefähr war das 1989/90 mit der DDR. Sie war schon seit Jahren krank, wie sehr, das wußten nur die wenigsten.

Nun bekam sie eine Art Erkältung – und selbst mit der hätte niemand gerechnet.

Die Erkältung, das waren ein paar Demonstrationen. Aber nicht solche, wie sie jedes Jahr am 1. Mai und am Republiksgeburtstag stattfanden. Auf einmal gab es Demonstrationen *gegen* die Politik der Regierung. Eine ungeheuerliche Sache, so etwas hatte es seit dem Aufstand von 1953 nicht mehr gegeben. Der Geheimdienst, die Stasi, kümmerte sich um alle Gegner des Landes, aber sie nützte jetzt überhaupt nichts mehr: Zu den Demonstrationen kamen so viele Menschen, daß die Stasi machtlos war.

Aber wegen ein paar Demonstrationen muß eine Regierung natürlich nicht zurücktreten. Wenn alles in Ordnung wäre, müßte man schon gar nicht sagen: »Okay, wir machen Schluß mit der DDR, wir geben die Sache mit dem Sozialismus auf.«

Tatsächlich war die DDR 1989 schwerkrank. Der Staatschef, Erich Honecker, war es übrigens auch. Er mußte im Herbst 1989 wegen einer Krebserkrankung im Krankenhaus operiert werden. Das aber war ein Zufall. Viel schlimmer für die DDR war ihre eigene Krankheit. Da die meisten Krankheiten komplizierte Namen tragen, geben wir der DDR-Krankheit auch einen, der kompliziert klingt: »Zahlungsunfähigkeit mit akuter Ermüdung«.

Wenn jemand kein Geld mehr hat, um seine Rechnungen zu bezahlen, wenn er sich immer wieder Geld leihen muß, so lange, bis ihm niemand mehr was leiht, dann nennt man das »Zahlungsunfähigkeit«. Man kann auch sagen: Die DDR war pleite.

Die Regierung betrieb schon lange eine falsche Wirtschaftspolitik: Sie gab viel mehr Geld aus, als sie hatte. Seit Beginn der achtziger Jahre war den höchsten Wirtschaftsfunktionären klar, daß es so nicht mehr weitergehen konnte. Die DDR mußte sich immer wieder Geld bei anderen Staaten borgen, und sie konnte nichts zurückzahlen. Sie war: *zahlungsunfähig*. Das durften die normalen Menschen natürlich nicht erfahren, darüber stand nie etwas in den Zeitungen. Die Funktionäre, die wußten, wie es stand, sprachen darüber nur hinter vorgehaltener Hand. So kam es, daß kaum jemand von der schweren Krankheit der DDR Genaueres wußte. Selbst die Regierungen der anderen Länder dachten, daß es der DDR besser ginge.

Und was hat es mit der »akuten Ermüdung« auf sich? Ganz einfach: Die Menschen waren sozialismusmüde. Sie hatten längst erkannt, daß der Sozialismus ihnen kein besseres Leben bescherte, als es der Kapitalismus im Nachbarland konnte. Seit 40 Jahren hatte es geheißen: »Arbeitet fleißig, dann wird alles besser!« Doch so gut wie im »goldenen Westen« würde es niemals werden, da war man sich inzwischen sicher. Die Zeit, in der viele noch geglaubt hatten: »Wir bauen das gerechteste und schönste Land der Welt auf! Der Sozialismus wird bald siegen!«, war längst vorbei.

Und nicht nur die einfachen Menschen waren müde. Auch die Funktionäre. Die waren ja nicht blind. Auch sie sahen, daß ihr großer Traum nicht wahr wurde.

Dann geschah noch etwas ganz Unglaubliches: Der »große Bruder«, die Sowjetunion, veränderte sich. Sie war immer das sozialistische Vorbild gewesen: Was die sowjetische Regierung gesagt hatte, galt für die DDR-Regierung als größte Weisheit. Nun war die sowjetische Wirtschaft mindestens so krank wie die der DDR, auch hier funktionierte der Sozialismus nicht. Im Jahr 1985, also fünf Jahre vor dem Ende der DDR, wurde ein Funktionär Regierungschef der Sowjetunion, der ganz anders war als alle anderen sozialistischen Regierungschefs: Er hieß Michail Gorbatschow, und er bemühte sich um eine neue Politik, die die wirtschaftlichen Probleme nicht wegredete, sondern beheben sollte. Er sprach in aller Öffentlichkeit über die Mängel des sozialistischen Systems, darüber daß man es demokratischer gestalten müsse und daß die wirtschaftlichen Dinge nicht allein von der Parteizentrale entschieden werden dürften. Er forderte, daß offen und ehrlich über Fehler und Verbesserungen gesprochen wurde. Das hatte es in der Sowjetunion und auch in der DDR noch nie gegeben. Man hatte immer so getan, als gebe es keine Probleme. Also gab es auch keine Notwendigkeit, etwas dagegen zu tun. Doch die Probleme wurden immer größer.

Als der neue sowjetische Staatschef über die Notlage sprach, konnte die Sowjetunion natürlich kein Vorbild für die DDR mehr sein. Deren Regierung tat so, als gehe es der DDR viel besser. Jeder konnte sehen, daß das nicht stimmte.

Früher hätte kaum jemand gewagt, den höchsten Funktionären zu widersprechen. Doch jetzt faßten auch in der DDR immer mehr Menschen neuen Mut. Es gab hier und da sogar ein paar Funktionäre, die über die Probleme reden wollten, so wie es in der Sowjetunion geschah. Als die Parteichefs das merkten, wurden sie unsicher. Jetzt hatten sie nicht nur den kapitalistischen Westen gegen sich, sondern möglicherweise sogar die Sowjetunion und immer mehr ihrer eigenen Leute. Und mit der sozialistischen Wirtschaft ging es weiter bergab. Das ganze Land war erschöpft und müde.

Im Sommer des Jahres 1989 flüchteten besonders viele Menschen in den Westen, und zwar auf zwei Wegen: Die einen taten so, als ob sie Urlaub in Ungarn machen wollten; nach Ungarn durfte man reisen, weil das ein sozialistisches Land war. Inzwischen hatten aber die Ungarn ihre Grenze zum Westen geöffnet, und so gelangten die DDR-Urlauber dort hinüber. Der andere Weg war noch abenteuerlicher: Tausende von DDR-Menschen stürmten in die Botschaften der Bundesrepublik in Polen und in der Tschechoslowakei, beides auch sozialistische Länder, in die man von der DDR aus reisen durfte. Weil die Botschaftsgrundstücke offiziell zur Bundesrepublik gehörten, konnte die tschechische und die polnische Polizei die Leute dort nicht herausholen. Sie forderten: Bringt uns in den Westen, oder wir rühren uns nicht von der Stelle. Die Regierungen verhandelten, und schließlich durften die DDR-Bürger mit dem Zug in die Bundesrepublik fahren. Die Sache war dramatisch, sie zog sich über Wochen hin. Die Bilder liefen in den Nachrichten – natürlich nur in denen des West-Fernsehens, aber das sahen ja fast alle in der DDR. Eine größere Demonstration gegen den Sozialismus konnte es kaum geben: Tausende von Leuten wollten weg. Sie nahmen die paar Sachen mit, die sie tragen konnten, ließen alles andere zurück und wollten nur noch fort.

Das war ein deutliches Zeichen, jetzt erkannten es fast

alle: Es ging nicht mehr so weiter mit diesem Land. Wenn so viele wegwollten, mußte man es verändern.

So kam es im Herbst 1989 zu den großen Demonstrationen. Es begann in Leipzig, vor der Nikolaikirche. Seit ein paar Jahren fanden in der Kirche die sogenannten Montagsgebete statt. An jedem Montagabend trafen sich die Christen und beteten gemeinsam für den Frieden. Seit etwa einem Jahr versammelten sich nach diesen Gebeten immer wieder Oppositionelle und Leute, die die DDR verlassen wollten, auf dem Hof vor der Kirche und hielten Transparente hoch mit ihren Forderungen nach Demokratie und Reisefreiheit. Seit Anfang September 1989 kamen hier deutlich mehr Menschen zusammen als bisher. Es entstanden die sogenannten Montagsdemonstrationen.

Immer mehr Stasileute und Polizisten wurden zur Nikolaikirche geschickt, sie rissen die Transparente herunter und verhafteten einzelne Demonstranten. Das half nichts, von Montag zu Montag kamen mehr. Am 2. Oktober waren es schon mehr als 10 000, so viele, daß die Polizisten die Kontrolle über die Marschrichtung der Protestierenden verloren. An diesem Tag entstand der schöne Demonstrationsruf »Wir sind das Volk«. Das kam so: Immer wieder riefen Polizisten durch ihre Lautsprecher, die Demonstranten sollten sofort nach Hause gehen. Sie begannen ihre Durchsagen stets mit dem Hinweis »Hier spricht die Volkspolizei«. Darauf antworteten irgendwann die Demonstranten: »Wir sind das Volk.« Ihnen war schon klar, mit wem sie es zu tun hatten. Die *Volks*polizisten sollten auch wissen, wer da vor ihnen stand.

Demokratie jetzt! Demonstranten vorm Palast der Republik
am 4. November 1989.

Der alles entscheidende Tag war aber der folgende Montag, der 9. Oktober 1989. In Berlin hatte es zwei Tage zuvor eine erste Demonstration gegeben, und die ist von Polizisten brutal auseinandergeschlagen worden. Es gab Gerüchte, daß die Polizei am 9. Oktober in Leipzig mindestens so heftig gegen Demonstranten vorgehen würde. Viele rechneten damit, daß geschossen würde. Es marschierten 8000 Polizisten und Soldaten auf.

Und dennoch erschienen am Abend in der Gegend um die Nikolaikirche so viele Demonstranten, wie es niemand für möglich gehalten hätte. Mehr als 70 000 sollen es gewesen sein. Einige von ihnen hatten Kerzen in den Händen, als Zeichen für Frieden und gegen Gewalt.

Und die Polizisten und Soldaten? Die Staatsmacht? Was sollten sie mit einer solchen Masse von Menschen tun? Das waren ja keine Verbrecher, keine Rowdys. Das waren friedliche Demonstranten, junge Leute, alte Leute, Schüler, Studenten, Arbeiter, Rentner. Das war das Volk. Der Polizei-Einsatzleiter befahl seinen Leuten, sie sollten sich ruhig verhalten, nicht eingreifen, auf keinen Fall schießen.

Die SED-Chefs in Berlin schwiegen. Auf so etwas war niemand vorbereitet.

Noch am selben Abend zeigte das Westfernsehen Fotos aus Leipzig: Eine Demonstration, so groß wie die am 1. Mai, doch diesmal eine kritische. Eine Demonstration, zu der die Leute freiwillig gekommen waren. Obwohl jeder von ihnen befürchten mußte, verhaftet zu werden.

Das war das Ende der Partei-Diktatur in der DDR. Denn eine Diktatur funktioniert nur, solange es keinen lauten Widerspruch gibt. Die Parteifunktionäre hatten immer gesagt, daß sie für das Volk da seien, daß sie für das Volk nur das Beste wollten. Deshalb war der Demonstrationsruf »Wir sind das Volk!« so wichtig. Im Klartext bedeutete das: »Ihr Funktionäre macht angeblich eure Politik fürs Volk. Das sind doch wir! Und wir wollen eine andere Politik. Hört auf uns!«

Und siehe da: Die Funktionäre hörten. Innerhalb weniger Wochen wechselten sie ihre obersten Parteichefs aus und ließen das Volk wissen: »Wir wollen mit euch reden! Wir wollen uns um eine andere, bessere Politik bemühen!«

Dabei hätten sie doch wie 1953 die Armee und die Poli-

Neuer Mut. Die größte Wende-Demonstration,
4. November 1989, auf dem Alexanderplatz in Berlin.

zei auf die Straßen schicken und alle Demonstranten fort-
jagen können. Warum haben sie das nicht getan?

Zwei Gründe: Mit so vielen Demonstranten hatte niemand gerechnet. Und: Der »große Bruder« Sowjetunion
stand nicht mehr bereit. 1953 hatten sowjetische Panzer den
Aufstand niedergeschlagen. Jetzt schwieg die sowjetische
Regierung. Sie hatte genug mit den eigenen Problemen
zu tun.

Die DDR-Funktionäre beteuerten nun, daß sie keine
Diktatoren mehr sein wollten. Sie hatten Angst vor ihrem
Volk. Aber das Volk hatte genug von ihnen. Als die Funktionäre sagten, sie wollten nun anders regieren, sie wollten
mehr auf die Leute hören, da glaubte ihnen das keiner mehr.

Warum sollten sie plötzlich alles anders machen als in den 40 Jahren zuvor? Es sollte endlich – und möglichst bald – freie Wahlen geben. Nicht mehr solche, bei denen von Anfang an feststand, daß die SED weiterregieren konnte. Bei wirklich freien Wahlen würde die SED nicht gewinnen, soviel war sicher. Es würde eine andere Regierung geben, und das Land würde nie wieder die DDR sein, die sie gewesen war. Keine Diktatur mehr, sondern eine Demokratie. Kein Land der SED-Funktionäre mehr, sondern ein ... ja was für ein Land eigentlich?

Die Mutige
Evelyn Zupke (geboren 1962)

Sie war eine brave Schülerin und, wie fast alle anderen Schüler auch, Mitglied der FDJ. Sogar Vorsitzende der FDJ-Leitung ihrer Klasse war sie. Dort, wo sie aufwuchs, auf der Insel Rügen, konnte man kein West-Fernsehen empfangen. Trotzdem bekam Evelyn Stück für Stück mit, daß etwas mit ihrem Land nicht stimmte. Ihr Großvater schimpfte auf die SED-Funktionäre; in der Schule erlebte sie, wie andere Schüler bestraft wurden, weil sie nicht das taten, was man von ihnen erwartete; sie selbst riskierte immer wieder ein freches Wort. Bald galt sie als aufmüpfig und ungehorsam. Deshalb, und weil sie später nicht in die SED eintreten wollte, durfte sie nicht studieren.

1984 tat sie etwas Unerhörtes: Sie ging nicht zur Wahl. Sie wollte nicht mitmachen bei diesem »Kasperletheater«, bei dem von Anfang an feststand, was herauskam. Sie arbeitete inzwischen als Kellnerin und Eisverkäuferin und bekam nun Probleme mit ihren Chefs. Deshalb suchte sie sich eine Arbeitsstelle bei der Kirche. Dort wurde man mit politischen Dingen nicht belästigt, hier interessierte sich niemand dafür, wer zur Wahl ging und wer nicht. 1987 zog Evelyn Zupke nach Berlin um und traf dort Leute, die, ähnlich wie sie, die SED-Herrschaft kritisierten. Ihre Gruppe nannte sich »Weißenseer Friedenskreis«.

Im Frühjahr 1989 kamen die Friedenskreisleute auf die Idee, die Wahlfälschungen der SED zu beweisen. Mit großer Mühe gelang es ihnen, in fast allen Wahllokalen ihres Stadtbezirks Beobachter aufzustellen. Die zählten mit, wie viele Leute nicht einfach die Zettel falteten, sondern in den Wahlkabinen verschwanden, um mit »Nein« zu stimmen. Am Ende waren das doppelt so viele, wie im offiziellen Wahlergebnis zugegeben wurde. Nicht gerade sehr viele – aber immerhin: Es gab jetzt den Beweis, daß in der DDR nicht nur das ganze Wahlsystem undemokratisch war, sondern daß die Ergebnisse auch noch gefälscht wurden. So wie die Weißenseer kamen Oppositionelle in vielen anderen Orten zu diesem Ergebnis.

Evelyn Zupke und andere stellten Strafantrag wegen Wahlfälschung – doch nichts geschah. Der Staatsanwalt sagte zu ihr: »Die Wahrheit steht im ›Neuen Deutschland‹.« So hieß die Zeitung der SED.

Was sollte man nun tun? Die Leute vom Friedenskreis nahmen sich vor, am 7. eines jeden Monats gegen den Wahlbetrug zu protestieren. Anfangs taten sie das in Kirchen – und vom 7. September an ganz öffentlich auf dem Alexanderplatz. Andere Oppositionelle hielten Evelyn Zupke und ihre Freunde für verrückt: Das war doch gefährlich, dort konnte man verhaftet werden!

Am 7. Oktober feierte die DDR ihren 40. Geburtstag, da war das Risiko besonders groß. Überall stand die Polizei und paßte auf, daß niemand in der Öffentlichkeit etwas gegen die SED-Herrschaft sagte. Die meisten im Weißenseer Friedenskreis wollten diesmal lieber nicht auf den Alexanderplatz. Nur zwei waren dafür, Evelyn Zupke und ein Freund. Und sie setzten sich durch: »Wann, wenn nicht jetzt?« Aus der anfangs sehr kleinen Aktion auf dem Alexanderplatz wurde die erste große 89er-Demonstration in der Hauptstadt der DDR. Viele Leute, die zufällig vorbeikamen, schlossen sich den Weißenseern an.

Es waren Leute wie Evelyn Zupke, die mit den Demonstrationen gegen die SED begannen und so die Revolution auslösten. Ganz normale Leute eigentlich, nur eben etwas mutiger als die anderen.

Die Wiedervereinigung
oder: **Wie der Osten Westen wurde**

Ein Jahr nach den ersten großen Demonstrationen gegen die Regierung gab es die DDR nicht mehr. Aber kann ein Land denn einfach so verschwinden? Die DDR konnte das. Kurz gesagt, funktionierte es so: Die DDR war ja von Anfang an nur der eine Teil eines größeren Landes, Deutschlands; der andere Teil war die Bundesrepublik. 1990 schlossen sich die DDR und die Bundesrepublik wieder zusammen: Deutschland war kein geteiltes Land mehr. Und weil im neuen Deutschland die Dinge so geregelt waren wie in der alten Bundesrepublik, hieß dieses neue Deutschland nun auch Bundesrepublik, vollständig: Bundesrepublik Deutschland. Die Deutsche Demokratische Republik war verschwunden, obwohl es die Menschen noch gab und die Städte und die Dörfer.

In den Herbsttagen 1989 ging alles unglaublich schnell: Die SED-Chefs wurden ausgetauscht, Oppositionelle durften auf einmal sagen, was sie wollten, sie durften sogar eigene Parteien gründen, immer mehr Leute demonstrierten und stellten immer mehr Forderungen: »Wir wollen freie Wahlen!«, »Jeder soll sagen und schreiben dürfen, was er will!«, »Jeder soll reisen dürfen, wohin er will!« Besonders die letzte Forderung, die nach der Reisefreiheit, hatte es in sich. Letztlich bedeutete sie: »Macht die Mauer auf!«

Doch wie sollte man sich eine DDR ohne Mauer vorstellen? Die Grenze zum Westen war seit 28 Jahren dicht. Nur ältere Erwachsene konnten sich an die Zeit ohne Mauer überhaupt noch erinnern. Wenn man die Grenze jetzt öffnen würde, soviel war sicher, würden unglaublich viele Menschen in den Westen gehen, um dort ein besseres Leben zu suchen. Wer sollte dann in der DDR die ganze Arbeit machen?

Die DDR-Regierung in ihrer Angst vor dem demonstrierenden Volk versuchte die Leute zu beruhigen, indem sie möglichst schnell neue Reisegesetze einführen wollte. Jeder Bürger sollte den Westen besuchen dürfen, aber nur mit einer speziellen Erlaubnis. Die Mauer wollte die Regierung auf keinen Fall aufmachen oder gar einreißen.

Am 9. November 1989 jedoch kam es zu einem der größten und glücklichsten Irrtümer der deutschen Geschichte: Ein hoher Funktionär, Günter Schabowski, wurde vor laufenden Kameras zu den neuen Reisegesetzen befragt. Sie waren, wie das bei Gesetzen so ist, sehr kompliziert formuliert. Der Funktionär kannte sich selbst nicht so gut aus. Er stammelte diese Worte: »Und deshalb, äh, haben wir uns dazu entschlossen, heute, äh, eine Regelung zu treffen, die es jedem Bürger der DDR möglich macht, äh, über Grenzübergangspunkte der DDR, äh, auszureisen.«

Was sollte das denn heißen? Durfte nun jeder in den Westen? Sofort? Ein Journalist fragte nach, und der Funktionär stotterte: »Das tritt nach meiner Kenntnis … ist das sofort, unverzüglich!«

Da irrte er sich, so war es gar nicht gedacht. Doch das war nun egal. Es war Abend, kurz nach sieben Uhr. Die Acht-Uhr-Nachrichten des Westfernsehens meldeten dann: »DDR öffnet Grenze.« Wer das sah und in Berlin in der Nähe einer Grenzübergangsstelle wohnte, lief sofort dort hin. Und stand vor verschlossenen Toren. Was war da los? War die Grenze nun offen oder nicht? Die Grenzsoldaten wußten von nichts. Ihnen hatte niemand etwas von einem neuen Gesetz gesagt. Schon gar nichts davon, daß *sofort* die Grenze geöffnet werden solle.

Eigentlich war es so gedacht: Vom nächsten Tag an sollten die DDR-Bürger Westreisen *beantragen* dürfen. Aber das hatte niemand so richtig verstanden, nicht einmal der Oberfunktionär vor den Fernsehkameras.

Nun also standen die Leute vor den geschlossenen Grenzübergangsstellen und riefen: »Tor auf! Tor auf!« Die Grenzsoldaten wußten nicht, was sie tun sollten. Die Leute gingen einfach nicht nach Hause. Es kamen immer mehr. An der Bornholmer Straße in Berlin Prenzlauer Berg waren es erst Hunderte, dann Tausende. Die Grenzer hatten Angst, daß die Menschenmassen ihnen ihre schönen Schranken und Tore eindrücken würden – also begannen sie nach einer Stunde, die ersten Leute durchzulassen. Nun gab es kein Halten mehr. Von hinten drückten immer mehr, jeder wollte mal rüber in den Westen. Schließlich öffneten die Soldaten das Tor ganz.

Zwar hatten die Leute genau das gefordert, aber jetzt konnten sie es kaum fassen: »Wir dürfen in den Westen hinüber, einfach so! Wir sind frei!«

Als auch das durch alle Nachrichten ging, öffneten die Soldaten an den anderen Übergangsstellen ebenfalls ihre Tore. Und in den nächsten Tagen wurden sie nicht mehr geschlossen. Auf einmal konnte wirklich jeder in den Westen.

Das war ein Wunder, mit dem niemand gerechnet hatte. Die Leute jubelten und fielen sich in die Arme, und sie riefen immer wieder ein Wort: »Wahnsinn!« Sie liefen in den Westen, sie fuhren mit ihren kleinen, lauten DDR-Autos hin und her. Auch die Westdeutschen konnten es nicht fassen. Viele von ihnen kamen zu den Grenzübergängen, um sich die Sache aus der Nähe anzusehen. Mit Sekt begrüßten sie die Leute aus dem Osten. Es war ein großes Volksfest, wie Weihnachten, Geburtstag, Silvester auf einmal. Für die Ostdeutschen war es, als habe sich eine neue Welt geöffnet, und die Westdeutschen freuten sich mit ihnen.

Mit der Öffnung der Tore hatte die Mauer ihren Sinn verloren. Tausende von Leuten begannen, mit Hammer und Meißel daran herumzuklopfen, um sich ein Stück herauszubrechen. Als Erinnerung an die alte, zugemauerte DDR, die es nie wieder geben sollte.

Wie aber sollte es weitergehen mit dem Land? Tatsächlich blieben viele DDR-Bürger nun im Westen, um dort ein neues Leben mit dem besseren Geld zu führen. Und auch von denen, die weiter in der DDR lebten, hatten die meisten genug vom Sozialismus. Sie wollten auch so leben wie die Leute im kapitalistischen Westen. Ob ihr Land DDR hieß oder wie auch immer, das war ihnen ganz egal: Am besten, fanden sie, wäre ein ganzes Deutschland, eins, in dem Ost und West zusammengehören und in dem es allen gleich gutgeht. So gut wie in der Bundesrepublik. Deshalb riefen sie jetzt auf ihren Demonstrationen nicht mehr »Wir sind *das* Volk«, sondern »Wir sind *ein* Volk«. Sie meinten die *Wiedervereinigung* von Ost und West – alle sollten *ein* deutsches Volk sein. So, wie es früher mal gewesen war.

Die Änderung dieses kleinen Wortes im Demonstrationsruf vom »das« zum »ein« entschied alles: Jetzt ging es nicht mehr um die Verbesserung der DDR, sondern um ihre Abschaffung.

Nach wie vor gab es aber auch etliche, die die DDR und den Sozialismus retten wollten, und das waren nicht nur die alten Funktionäre, die jetzt ihre Macht verloren. Den Traum von der gerechten Welt träumten noch mehr Leute. Sie mochten sich auch gefreut haben, daß nun alle reisen konnten, wohin sie wollten. Zu sehen, daß dadurch die DDR kaputtging, war für sie jedoch furchtbar. Sie hatten die Hoffnung, daß man es mit dem Sozialismus jetzt noch einmal neu probieren sollte. Diesmal aber demokratisch, ohne Diktatur.

Jetzt sahen sie, daß die meisten Menschen anders dachten: Denen war es wichtiger, *sofort* gut zu leben, als *irgendwann* mal in einer gerechteren Welt. Sie hatten sich lange genug vertrösten lassen. Daß der gerechte Sozialismus nicht funktionierte, hatten sie erlebt, jetzt wollten sie den Kapitalismus. Keine weiteren Experimente.

Im März 1990 fand die einzige wirklich freie Wahl in der ganzen DDR-Geschichte statt. Jetzt sollte sich entscheiden, wohin die Reise ging: Sozialismus oder Kapitalismus? Es gab natürlich noch die SED, sie hieß inzwischen nur etwas anders, nämlich PDS, »Partei des Demokratischen Sozialismus«. Sie wollte nun auch eine demokratische Partei sein. Daneben stellten sich jede Menge anderer Parteien zur Wahl, zum Beispiel die der DDR-Oppositionellen. Von denen wollten die meisten keinen Kapitalismus. Also wollten sie jetzt auch keine Wiedervereinigung mit der kapitalistischen Bundesrepublik.

Und dann gab es die Parteien, die genau das wollten: Wiedervereinigung sofort, Kapitalismus sofort, nie wieder Sozialismus. Eben das, was sich die meisten Leute inzwischen wünschten. Diese Parteien gewannen die Wahl haushoch.

Nun gab es eine neue DDR-Regierung, eine Regierung ohne SED, die nichts anderes wollte, als die DDR abschaffen. Die alten Oppositionellen konnten es nicht fassen: Früher hatten sie nichts zu melden gehabt, da gab es die SED und die Stasi, und sie selbst waren nur ganz wenige. Dann, ganz plötzlich, erreichten sie ihr Ziel: Die DDR wurde demokratisch, die SED spielte keine Rolle mehr. Und auf einmal waren sie mit ihrem Wunsch nach einer guten und gerechten DDR wieder ganz allein. Jetzt merkten die Oppositionellen, daß sie nicht nur andere Überzeugungen hatten als die alten SED-Funktionäre, sondern auch ganz andere als die meisten ihrer Mitmenschen.

Die regierenden Politiker in Ost- und Westdeutschland erfüllten nun die Wünsche der Mehrheit, so schnell es ging: Es begann mit dem West-Geld. Am 1. Juli 1990 wurde die DDR-Mark in West-Mark umgetauscht. Von einem Tag auf den anderen hatten die Leute auf ihren Konten nur noch

West-Mark für alle! Tag der Währungsunion, 1. Juli 1990, auf dem Alexanderplatz in Berlin.

West-Mark, das Geld, mit dem man die guten Westsachen kaufen konnte. Das war zunächst einmal ein großes Glück.

Für die Wirtschaft des Landes, für die Betriebe und Fabriken wurde das neue Geld zum großen Problem. Jetzt zeigte sich, wie schlecht es der DDR-Wirtschaft wirklich ging. Es zeigte sich, daß die meisten DDR-Betriebe mit den westdeutschen Betrieben nicht mithalten konnten. Wer kaufte denn noch Sachen aus dem Osten, wenn man für sie Westgeld bezahlen mußte und wenn sie schlechter waren als die Sachen aus dem Westen? Viele DDR-Betriebe konnten ihre Produkte nicht mehr verkaufen und mußten geschlossen werden.

Daß die beiden deutschen Staaten sich wieder zu einem

Staat zusammenschließen wollten, war seit dem Frühjahr 1990 allen klar. Man diskutierte nur noch darüber, wie schnell das gehen würde. Das konnten die Deutschen nicht allein entscheiden. Die Sowjetunion, Frankreich, England und die USA hatten ein Wort mitzureden. Das waren die Länder, die 45 Jahre zuvor den Krieg gegen Deutschland gewonnen hatten. Die Länder, die damals bestimmt hatten: Deutschland muß geteilt werden; es darf nie wieder so stark werden, daß es einen Krieg anfangen kann.

Waren 45 Jahre Teilung genug? Hatten die Deutschen aus dieser Zeit gelernt? Konnte man ihnen wieder vertrauen und zulassen, daß sie sich in einem großen Land zusammenschlossen? Nach einigem Zögern sagten die Gewinner des Krieges: Ja, man kann. Die neue, große Bundesrepublik sollte schließlich ein demokratisches Land sein. Zumindest die westlichen Länder, also England, Frankreich und die USA, konnten kaum etwas dagegen haben. Bei der Sowjetunion war man sich da nicht so sicher. Sie war immer noch ein sozialistisches Land und sollte nun zulassen, daß ihr kleiner Bruder, die sozialistische DDR, ein Teil der kapitalistischen Bundesrepublik wurde. War der Kalte Krieg wirklich vorbei?

Er war es. Denn auch in der Sowjetunion war nichts mehr so wie früher. Auch hier lag die Wirtschaft am Boden, den Leuten ging es noch viel schlechter als denen in der DDR. Der Kalte Krieg, die riesigen Armeen, die immer moderneren und teureren Waffen – das alles hat unglaublich viel Geld gekostet, Geld, das an anderer Stelle fehlte. Die Sowjetunion konnte sich das nicht mehr leisten. Dazu kam, daß in den meisten anderen sozialistischen Ländern in den

vergangenen Monaten ganz ähnliche Umwälzungen stattge-
funden hatten wie in der DDR. Auch in Polen, Ungarn, der
Tschechoslowakei waren die sozialistischen Machthaber
am Ende. Die sozialistische Welt hatte den Kalten Krieg
verloren. Also erlaubte nun auch die Sowjetunion den
Deutschen zu tun, was sie wollten. Damit war das Ende der
DDR endgültig besiegelt.

Am 3. Oktober 1990, ziemlich genau ein Jahr nach den ersten großen Demonstrationen gegen die Regierung, schloß
sich die DDR der Bundesrepublik an. Ost- und Westdeutschland wurden zu einem Land, die DDR gab es nicht
mehr. Vier Tage später wäre sie 41 Jahre alt geworden.

Der Anwalt
Lothar de Maizière (geboren 1940)

Er war der letzte Regierungschef der DDR, und er ist es nur geworden, weil die Leute die DDR satt hatten. Zwischen März und Oktober 1990 kümmerte sich Lothar de Maizière darum, das Land, das er regierte, abzuschaffen.

Zunächst war er Musiker gewesen, er hatte Bratsche gespielt. Wegen einer Krankheit konnte er diesen Beruf aber nicht lange ausüben. Deshalb studierte Lothar de Maizière Jura und wurde 1975 Rechtsanwalt. Das war in der DDR etwas Besonderes. Es gab nur sehr wenig Rechtsanwälte.

Daß de Maizière es werden konnte, lag unter anderem daran, daß er Mitglied der CDU war. Auch in der DDR gab es eine Partei mit diesem Namen: »Christlich Demokratische Union«. Sie hatte aber ganz und gar nichts mit der CDU in der Bundesrepublik zu tun. Die DDR-CDU war dazu da, den Leuten das Gefühl zu geben, es gehe in ihrem Land demokratisch zu. In Wirklichkeit mußten die CDU-Politiker zu allem, was die SED verkündete, ja und amen sagen. Sie durften zwar an den lieben Gott glauben, aber gegen Sozialismus und SED-Herrschaft durften sie nichts haben.

Wer in der DDR Karriere machen wollte, tat gut daran, Mitglied einer Partei zu sein. Wer nicht in die SED wollte, konnte es zum Beispiel in der CDU versuchen. So konnte Lothar de Maizière als Rechtsanwalt Karriere machen. Vor Gericht vertrat er hin und wieder Oppositionelle – was allerdings nicht bedeutet, daß er selbst als Oppositioneller aufgetreten wäre; er hätte dann sehr schnell die Erlaubnis verloren, als Rechtsanwalt zu arbeiten.

Seit dem Herbst 1989 wurden nicht nur die obersten SED-Funktionäre abgesetzt, sondern auch die höheren Politiker der anderen Parteien. Nun brauchte auch die CDU einen neuen Vorsitzenden. Lothar de Maizière, der Rechtsanwalt, wurde es. Im Land kannte kaum jemand den kleinen Mann mit der Brille, dem Bart und der hohen Stimme. Seit November 1989 war er auf einmal einer der wichtigsten Politiker der DDR. Seine CDU änderte in den folgenden Monaten erstaunlich schnell ihre politische Meinung. Vom Sozialismus war auf einmal keine Rede mehr, die SED war nicht mehr Weisungsgeber wie bisher, sondern politischer Gegner. Statt dessen gehorchte die CDU in der DDR jetzt der CDU aus dem Westen.

Bei den Wahlen am 18. März 1990 gewann de Maizières Partei mit großem Abstand die meisten Stimmen. Die arme DDR, so hatte die CDU versprochen, sollte möglichst bald ein Teil der reichen Bundesrepublik werden. Es war ein komisches, aber auch ein symbolträchtiges Bild: Der kleine, dünne DDR- und Ost-CDU-Chef Lothar de Maizière neben dem großen, dicken Regierungschef der Bundesrepublik und Vorsitzenden der West-CDU, Helmut Kohl. Da konnte jeder sofort sehen, wer jetzt das Sagen hatte.

Lothar de Maizière gab am 3. Oktober 1990 seine Amtsgeschäfte an Helmut Kohl ab. Ein Jahr lang blieb er noch Mitglied des Bundestages und zog sich dann aus der Politik zurück. Er arbeitet jetzt wieder als Rechtsanwalt und ist nach wie vor Mitglied der CDU.

Selbstbewußt und eingeschüchtert
oder: **Warum die DDR-Menschen so anders waren und warum es die Ostdeutschen immer noch sind**

Es gibt die DDR seit vielen Jahren nicht mehr, also gibt es auch keine DDR-Bürger mehr. Es gibt in Deutschland Sachsen, Bayern, Westfalen, Thüringer – die unterscheiden sich vor allem in der Art, wie sie sprechen.

Worin aber unterscheiden sich die Ostdeutschen von den Westdeutschen? Wer in der DDR einen großen Teil seines Lebens verbracht hat, der tickt anders als jemand, der nur den Westen kennengelernt hat. Obwohl beide Deutsche sind.

Selbstverständlich verhält sich nicht ein Ostdeutscher genauso wie jeder andere: Es gab in der DDR Funktionäre und Oppositionelle, Mutige und Feige, Langweiler und Irrsinnige. Und Schwimmer und Nichtschwimmer gab es auch. Deshalb ist es fast immer falsch, zu sagen: *die* Ostdeutschen oder *die* DDR-Bürger. Wir wissen das und sagen es trotzdem. Denn so unterschiedlich sie sind, sie teilten doch einige wichtige Erfahrungen, die den Westdeutschen fremd sind. Der Sozialismus mag nicht gut funktioniert haben – aber vielleicht gab es ja doch so etwas wie »den sozialistischen Menschen«. Wenn auch nicht unbedingt so, wie ihn sich die Funktionäre vorgestellt haben.

Die Ostdeutschen waren ausgesprochen selbstbewußt.

Bloß nicht aus der Reihe tanzen! Pfingsttreffen der FDJ im Berliner Stadion der Weltjugend, 1989.

Und: *Die* Ostdeutschen mußten nie lernen, sich zu entscheiden, sie waren eingeschüchtert und verhuscht.

Beides mag nicht so recht zueinander passen, doch beides stimmt. Beginnen wir, wie man das sowieso immer tun sollte, mit der schlechteren Nachricht. Warum waren die DDR-Menschen eingeschüchtert und verhuscht?

Jemand hat mal behauptet, in der DDR habe niemand je erwachsen werden müssen. Auch die Älteren hätten ihr Leben lang Kinder bleiben können. Damit ist etwa folgendes gemeint, und es ist etwas dran: DDR-Bürger, die sich einmal entschieden hatten, brav zu sein und nicht aufzumucken, mußten eigentlich keine weiteren Entscheidungen treffen. Es gab immer jemand anderen, der das für sie tat. So wie es zu

Hause die Eltern und in der Schule die Lehrer gibt, gab es fürs ganze Land die führende Partei. Funktionäre gaben vor, was in der Schule zu lernen war, wie viele Ingenieure es geben sollte und wie viele Ärzte. Sie bestimmten, welche Filme die Leute sehen und in welche Länder sie reisen durften. Es gab die »Berufslenkung« – da wurde den jungen Leuten gesagt, welche Berufe sie am besten lernen sollten. Es gab die Zeitungen und die politischen Fernsehsendungen, da wurde gesagt, was man über die Welt und die Politik denken sollte. Bei den Wahlen war vorgegeben, wer gewählt werden durfte.

Und wer nicht brav und gehorsam war, der bekam es mit dem strengen Staat zu tun, also mit der Volkspolizei oder mit der Stasi.

Es ging tatsächlich zu wie in einem riesengroßen Kinderheim. Alle waren sicher aufgehoben, niemand mußte Angst haben, daß ihm das Geld zum Leben ausgehen könnte. Die »sozialistischen Menschen« lernten, brav zu sein.

Logisch eigentlich, daß da lauter verhuschte Leute herauskommen mußten, die nicht aufmucken mochten. Hier und da mäkelten sie ein wenig herum, wenn irgend etwas nicht funktionierte. Doch sie wußten: »Wir können doch nichts entscheiden; das tut ja die Partei.« Und die Funktionäre der Partei – die mußten erst recht gehorchen – ihren Oberfunktionären. Und die Oberfunktionäre hörten auf den »großen Bruder«, die Sowjetunion.

Wer also ein bequemes Leben haben wollte – und das wollten und wollen die meisten –, der konnte es haben. Gut, im Westen hätte er ein reicheres Leben haben können, eins mit Westgeld und mehr Freiheit. Das hätte aber bedeutet, daß er selbst mehr Entscheidungen hätte fällen und sich mehr anstrengen müssen.

Jetzt zur guten Nachricht: Wo und warum waren die Ostdeutschen selbstbewußt? Es heißt, in der DDR durfte niemand über die Regierung meckern, dafür meckerten alle über ihren Chef – und heute ist es genau umgekehrt: Über die Regierung darf man alles sagen, aber bei der Arbeit sollte man sich vorsehen. Tatsächlich waren in der DDR die Arbeiter und Angestellten so frei wie in keinem kapitalistischen Land. Dort konnten sie in aller Regel sagen, was ihnen nicht behagte, sie konnten sich beschweren. Angst um ihren Job mußten sie nicht haben. Im Gegenteil: Weil es in der DDR zuwenig Arbeiter gab, hatten die Betriebschefs Angst, ihre Leute würden kündigen und woanders hingehen. Sicher, sie verdienten allesamt nicht besonders viel Geld. Fürs normale Leben brauchten sie aber auch nicht so viel. Wegen des Geldes mußte niemand den Rücken krumm machen.

Weder mit Geld noch mit der Drohung, jemanden zu entlassen, konnten die Leute gezwungen werden, viel mehr zu arbeiten, als sie es selbst für richtig hielten. Es gab keine Angst vor der Arbeitslosigkeit. Auch wenn man nicht behaupten kann, daß die Arbeiter im Sozialismus die Macht gehabt hätten – was ihre Arbeit anbelangte, waren sie mächtiger und freier als die Arbeiter im Kapitalismus.

Weil die Betriebe ständig Leute suchten, sollten möglichst alle Erwachsenen arbeiten. Auch die Frauen. Während im Westen viele Frauen zu Hause blieben und sich um

Ich bin Arbeiter, wer ist mehr? Kohleträger in Berlin
Prenzlauer Berg, 1986.

Haushalt und Kinder kümmerten, hatten in der DDR fast
alle Frauen eine Arbeitsstelle. Anders als im Westen gab es
genug Kinderkrippen für die Babys und Kindergärten und
Schulhorte für die Kinder. Keine Mutter mußte den ganzen
Tag lang zu Hause bleiben. Weil die Frauen im Osten selbst
Geld verdienten, waren sie nicht – wie viele Frauen im Westen – vom Geld ihrer Männer abhängig. Das machte sie
selbstbewußter.

Die Frauenarbeit hatte neben dem Selbstbewußtsein
noch einen anderen Effekt: In der DDR brachen viel mehr
Familien auseinander, es wurden mehr Ehen geschieden.
Was furchtbar klingt, hatte allerdings einen guten Grund:
Die Eheleute waren unabhängig voneinander. Wenn sie sich

nicht mehr verstanden, mußten sie nicht wegen des Geldes zusammenbleiben.

Der Sozialismus: Wenn immerzu eine großartige Idee, ein Traum von der gerechten Welt gepredigt wird, doch irgendwann jeder merkt, daß diese Idee nicht funktioniert, dann werden die Leute mißtrauisch gegenüber großen Ideen und großen Worten. Wenn es eine allmächtige Partei gibt, die behauptet, alles richtig zu machen, in Wirklichkeit aber sehr viel falsch macht, dann wollen die Leute irgendwann nichts mehr mit Parteien und mit der Politik zu tun haben. Auch das ist in der DDR geschehen: Die Leute wurden mißtrauisch gegen »die da oben«. Und weil überall und immer vom Sozialismus und von der Politik die Rede war, interessierten sich immer weniger Leute dafür.

Die Stimmung hat sich mit den Jahren sehr verändert. Tatsächlich gab es Zeiten, in denen sehr viele von der DDR und vom Sozialismus überzeugt waren. Sie meinten, es würde alles ständig besser. Mit der Wirtschaft ging es bis in die siebziger Jahre wirklich aufwärts. Die Leute verdienten allmählich mehr Geld, es gab mehr Dinge in den Geschäften zu kaufen.

Dagegen waren die achtziger Jahre, also die letzten zehn Jahre der DDR, eine Trübetassenzeit. Die Parolen der Partei waren dieselben geblieben: »Der Sozialismus entwickelt sich!«, »Es geht vorwärts!« – doch jeder konnte sehen: Da entwickelte sich nichts mehr. Die alten, schönen Häuser in den Städten zerbröckelten, weil es kein Geld gab, sie zu reparieren. In den Läden sah es trostlos aus, auf den Straßen fuhren die gleichen häßlichen und stinkenden Autos wie seit Jahren.

Die Leute waren zwar unzufrieden, aber was sollten sie machen: Irgendwie hatten sie sich eingerichtet, jeder in seiner kleinen Welt, wo er möglichst wenig mit dem Sozialismus zu tun hatte. Wenn jemand meinte, daß man sich wieder mehr anstrengen sollte, damit es der DDR und dem Sozialismus besser ginge, dann gähnten die Leute nur und hörten gar nicht mehr hin.

Die SED-Chefs hatten längst graue oder weiße Haare – sie meinten, sie täten alles richtig, und wollten sich auf keinen Fall von jüngeren Funktionären ablösen lassen. Wie es dem Land ging, konnte man den alten Herren ansehen: Ihr Lächeln war wie festgefroren, sie waren müde.

Und da geschah im Herbst 1989 die Wende. Die Macht der alten Männer brach zusammen, und es war, als sei das schlafende Land auf einmal aufgewacht. So interessiert an den politischen Dingen waren die Menschen in der DDR seit Jahren nicht – und später waren es die Ostdeutschen auch nie wieder. In diesen paar Monaten waren sie ein anderes Volk. Gar nicht mehr grau und mißmutig und hoffnungslos. Jetzt tat sich was, jetzt wurde alles anders, besser – dachten sie.

Es wurde alles anders. So sehr, daß kaum einer von den 16 Millionen DDR-Menschen in der neuen Bundesrepublik so weiterarbeiten und weiterleben konnte, wie er es aus der DDR gewohnt war. Es wurde vieles besser: Jeder konnte jetzt sagen, was er wollte, jeder hatte Westgeld und konnte sich damit kaufen, was er wollte – solange sein Geld reichte. Die Mauer war unglaublich schnell abgerissen worden und beinahe vergessen.

Unsere Besten. Frau vor Schaukasten in der Berliner
Karl-Marx-Allee, 1988.

Die meisten Ostdeutschen hatten jetzt mehr Geld in der
Tasche, sie waren freier als je zuvor. Trotzdem war die wunderbare Stimmung der Wendemonate schnell verschwunden. Warum nur?

Es war die Wirtschaft, wieder einmal, die alles bestimmte. Auf einmal gab es keinen Sozialismus mehr, seit
1990 galt auch im Osten Deutschlands der Kapitalismus.
Die Betriebe, die früher dem DDR-Staat gehört hatten,
wurden verkauft, sehr viele wurden zugemacht. So verloren
ungeheuer viele ehemalige DDR-Menschen ihre Arbeits-
plätze. In vielen Gegenden war das jeder vierte. Man muß
sich das mal vorstellen: Von vier Leuten, die früher Arbeit
hatten, konnten jetzt nur noch drei arbeiten und damit Geld

175

verdienen. Die anderen bekamen zwar Geld vom neuen Staat, Arbeitslosenunterstützung, doch besonders gut kann davon niemand leben. Kein Wunder, daß sich auf einmal viele Leute die alte DDR zurückwünschten.

Selbst diejenigen, die ihre Arbeit behielten oder eine neue fanden, lernten ein völlig neues Gefühl kennen: die Unsicherheit. So geregelt wie in der DDR ging es nicht mehr zu. Jeder mußte selbst entscheiden, welche Chancen er nutzen wollte und welche nicht, jeder mußte damit rechnen, daß er seine Arbeitsstelle verlieren konnte. Wieviel man arbeiten mußte, entschieden jetzt die Betriebschefs.

Von sowenig Geld wie früher konnte nun auch niemand mehr leben. Die Mieten für die Wohnungen wurden viel teurer, die wichtigsten Lebensmittel auch. All das eben, wofür früher der sozialistische Staat Geld dazugegeben hatte.

Daß der Kapitalismus so anstrengend sein würde – damit hatten die wenigsten gerechnet. So entstand bei vielen Ostdeutschen ein merkwürdiges Gefühl: Es ging ihnen zwar eigentlich besser als früher, sie hatten jetzt die West-Mark, sie waren frei, und dennoch blieb ein Unwohlsein. Nun merkten sie, was an dem langweiligen und braven Leben in der DDR so angenehm gewesen war: die Sicherheit, die Ruhe.

Die Unauffällige
Angela Merkel (geboren 1954)

Den größten Teil ihres Lebens hat unsere heutige Bundeskanzlerin im Sozialismus zugebracht. Kurz nach ihrer Geburt zog ihre Familie von Hamburg in die DDR. Der Vater war Pfarrer und wollte dort arbeiten, wo man ihn am dringendsten brauchte. So wuchs Angela Kasner – so hieß sie damals noch – in Templin auf, einer Kleinstadt im Norden des Landes.

Daß sie die Tochter eines Pfarrers war, spielte eine große Rolle in ihrem frühen Leben: Weil Kirchenleute mißtrauisch beobachtet wurden und Pfarrerskinder schlechte Chancen auf gute Studienplätze hatten, mußte sie sich in der Schule besonders anstrengen. Sie war ehrgeizig und bereit, sich anzupassen, wo es notwendig war. Deshalb wurde sie Pionier und FDJlerin. Das hätte sie nicht unbedingt gemußt, doch sie wollte keine Ausnahme in ihrer Klasse sein. Und: Sie wollte noch studieren. An der Jugendweihe, einem sozialistischen Ritual für 14jährige, nahm sie nicht teil. Für die Pfarrerstochter war es selbstverständlich, sich in der Kirche konfirmieren zu lassen.

Weil sie die Beste an ihrer Schule war, durfte sie nach dem Abitur Physik studieren. Nach dem Studium arbeitete sie in einem wissenschaftlichen Institut in Berlin. Sie war nie begeistert von der DDR, aber in der FDJ-Gruppe, die es auch an der Universität und am Institut gab, war sie für »Agitation und Propaganda« zuständig. Wahrscheinlich hat man sie gefragt, ob sie es machen würde, weil sie eine so strebsame und brave junge Wissenschaftlerin war. Und da wird sie lieber ja gesagt haben, um keine weiteren Fragen beantworten zu müssen. Es waren bereits solche kleinen Entscheidungen, die zeigten, ob sich jemand mit seinem Staat anlegen wollte oder nicht. Sie wollte nicht.

Schon mit 23 Jahren heiratete Angela; seitdem war ihr Nachname Merkel. Die Ehe hielt nur fünf Jahre, und auch das war gar nicht untypisch für die DDR. Man heiratete früh, man schied sich oft – das alles bedeutete nicht soviel.

Angela Merkels Leben als Wissenschaftlerin war nicht sonderlich spannend, sie arbeitete vor sich hin und machte noch viel lieber Radtouren. Mit der Politik befaßte sie sich wenig; jedenfalls knüpfte sie keine Kontakte zu oppositionellen Gruppen, aber in eine Partei einzutreten, kam für sie auch nicht in Frage. Sie versuchte sich mit dem Leben in dem Land, das sie weder sonderlich mochte noch verabscheute, zu arrangieren.

Erst im Dezember 1989, als die Macht der SED schon gebrochen war, begann sie sich politisch zu betätigen. Daß sie schließlich in der konservativen CDU landete, wunderte ihre Bekannten. Sie hatten gedacht, daß Angela Merkel, so wie ihre Eltern, eher links stand. Wahrscheinlich stand sie nirgendwo so richtig. Sie paßte sich nur neu an.

Angela Merkel ist in der Bundesrepublik von vielen unterschätzt worden. Sie war nie eine, die laut auftrumpfte. In ihrem DDR-Leben hat sie vieles gelernt, was ihr in der bundesdeutschen Politik zugute kam: Sich anpassen; an jenen Stellen mitmachen, wo es nötig ist; an jenen Stellen den Mund aufmachen, wo es möglich ist; selbstbewußt sein, ohne aufzutrumpfen. So ist sie Bundeskanzlerin geworden.

Gute Meinung, schlechte Meinung
oder: **Was von der DDR übrigblieb**

Mit der Erinnerung ist das so eine Sache. Wer die DDR erlebt hat und sich heute an sein Leben damals erinnert, der denkt zunächst einmal nicht an Diktatur, SED-Herrschaft und Schießbefehl. Eher schon an Schlangestehen, erste Liebe, Ostsee-Urlaub. Wer sagt, die DDR sei ein übles Land gewesen, ungerecht und schlecht regiert, der hat zwar recht – aber viele Leute zucken nur die Schultern, wenn sie das hören. Sie haben doch ganz normal gelebt damals, sind in die Schule gegangen, haben einen Beruf gelernt, gearbeitet, Urlaub gemacht. Sicher, sie haben sich auch über die leeren Geschäfte geärgert und wären gerne in den Westen gefahren. Aber war ihr Leben deshalb übel?

Muß man in einem schlecht geführten Land ein schlechtes Leben führen? Bestimmt nicht. So kommt es, daß die Erinnerung an die DDR oftmals eine ganz andere Sprache spricht als die Politikerreden oder die Geschichtsbücher, in denen es um Diktatur und Einheitspartei geht. Und so kommt es, daß sich noch heute die Leute über die Geschichte streiten. Viele erinnern sich gern an ihre DDR-Jahre, sie sagen: »Weißt du noch, die Maidemonstration, von der wir eher abgehauen sind, als wir durften, und der Klassenleiter hat's nicht gemerkt? Das Ferienlager mit dem

Angelausflug? Unser erster Trabant?«Andere nehmen ihnen das übel. Sie sagen:»Ihr wißt doch, in was für einem Land ihr gelebt habt! Die Stasi, die Mauertoten, all das darf man doch nicht vergessen. Wie könnt ihr nur so unbeschwert über die DDR-Zeit sprechen?«

Die Leute reden aneinander vorbei. Auch die mit den schönen Erinnerungen wissen über Stasi, Mauer und all das Bescheid, die meisten jedenfalls. Doch ihre Erinnerungen wollen sie sich davon nicht kaputtmachen lassen. Wenn jemand sagt:»Ihr habt in einem schlechten Land gelebt, gelernt und gearbeitet«, dann klingt das für sie wie:»Euer Leben war umsonst.«Wer läßt sich das schon gerne sagen?

Die DDR ist aus den Köpfen der erwachsenen Ostdeutschen nicht herauszuholen. Andauernd gibt es Augenblicke, in denen die Erinnerung hochkommt. Manchmal ist es ein Geruch:»So haben die Hochhausflure in der DDR gerochen!« oder:»Das ist doch der Duft unserer Westpakete!« Es kann ein Gebäude sein:»Hier saß die Parteileitung drin, da gab es immer Ärger.« Oder auch ein alter DDR-Film, der im Fernsehen wiederholt wird.

Wenn es um die Politik geht, vergleichen die Leute immer wieder die Situation heute mit jener damals – vor allem, wenn es um heutige Probleme geht:»Wir haben Millionen Arbeitslose. In der DDR gab es für alle Arbeit!« oder:»So große Unterschiede zwischen Reichen und Armen gab es damals nicht!« oder:»In der DDR hatte jedes Kind einen kostenlosen Platz im Kindergarten. Heute ist das nicht mehr so.« Da scheint auf einmal die DDR als das bessere Land dazustehen.

Wenn man aber fragt, wer sich die DDR zurückwünscht, mit allem Drum und Dran, mit allem Guten und mit allem Üblen – dann wird man nicht viele finden. Vielleicht ein paar ehemalige Funktionäre, sicher auch Leute, die in der Bundesrepublik ihre Arbeit verloren haben, jene eben, die damals ein besseres Leben führen konnten als heute.

Für die allermeisten ist es andersherum: Für sie ist die Bundesrepublik – trotz aller Nachteile, die der Kapitalismus mit sich bringt – das bessere Land. Nicht nur wegen des Geldes und wegen der Möglichkeit, zu reisen, wohin sie wollen. Viel wichtiger ist die Freiheit, die es damals nicht gab. Die Freiheit, selbst über sein Leben zu entscheiden, darüber, was man lernt oder studiert, was man denkt und worüber man spricht.

Die Städte und Dörfer sehen nicht mehr grau und öde aus wie zur DDR-Zeit, in einigen ist seit 1990 sogar so viel repariert und neu gebaut worden, daß sie frischer aussehen als manche westdeutsche Stadt. Statt roter Transparente, auf denen stand, wie man leben und arbeiten soll, hängen jetzt überall Werbeplakate, auf denen steht, was man sich kaufen soll.

Nur kleine Dinge erinnern noch an die alte Zeit. Hier ist es ein Straßenname, »Ernst-Thälmann-Straße« oder »Allee der Kosmonauten«. Dort ist es der grüne Pfeil an der Ampel, den es früher nur in der DDR gab. Hin und wieder gebrauchen ehemalige DDR-Bewohner noch Wörter, die es im Westen nicht gab, sie sagen »Plaste« statt »Plastik« oder »schau« statt »toll«. Aber solche Unterschiede in der Sprache gibt es immer seltener.

Weg damit! Trabantkarosserie im Müll,
Berlin Leipziger Straße 1990.

Außer den Erinnerungen in den Köpfen, den Büchern
und den Filmen ist nicht viel geblieben von diesem kleinen
Land, das eine große Mauer bauen mußte, damit ihm die
Leute nicht davonliefen. Von der Mauer gibt es nur noch ein
paar kleine Stücke, an Stellen, wo sie nicht weiter stören.
Dort sollen sich die Leute an die merkwürdige Zeit erinnern, in der Deutschland in zwei Länder geteilt war.

In dem einen sollte eine besonders gerechte Welt entstehen. Nur leider waren die obersten Gerechtigkeitsver-
walter der Meinung, sie müßten die Menschen zu ihrem
Glück zwingen.

Was passierte wann?

Frühjahr 1945   **Der Zweite Weltkrieg ist zu Ende**, die Deutsche Wehrmacht kapituliert. Anstelle der Nazis haben jetzt die Siegermächte USA, Großbritannien, Frankreich und die Sowjetunion das Sagen in Deutschland.

17. Juli – 2. August 1945   Die Siegermächte einigen sich auf der Potsdamer Konferenz über die neuen Grenzen Deutschlands, und sie bestätigen die **Aufteilung in vier Besatzungszonen**. In der östlichen Besatzungszone regiert jetzt die sowjetische Armee. Auch Deutschlands Hauptstadt, Berlin, wird in vier Besatzungszonen, die »Sektoren«, aufgeteilt.

2. September 1945   Die **Bodenreform** in der sowjetischen Besatzungszone beginnt: Alle größeren landwirtschaftlichen Flächen werden ihren Besitzern genommen und zum größten Teil unter »Neubauern« aufgeteilt. Das sind ehemalige Landarbeiter, Flüchtlinge oder Industriearbeiter. Niemand soll über großen Bodenbesitz verfügen.

21./22. April 1946   Die **Sozialistische Einheitspartei Deutschlands,** SED, wird gegründet. Dabei schließen sich die Kommunistische Partei, KPD, und die Sozialdemokratische Partei, SPD, zusammen. In der SED haben vor allem die Kommunisten das Sagen. Viele Sozialdemokraten sind gegen die Vereinigung, doch sie haben keine Chance. Deshalb wird auch von einer »Zwangsvereinigung« gesprochen. Die SED spielt nur in der östlichen, sowjetischen Besatzungszone eine Rolle. Sie wird von Funktionären geführt, die den Vorgaben aus der Sowjetunion Folge leisten.

20. Oktober 1946   Bei **Wahlen** in der sowjetischen Besatzungszone bekommt die SED im Durchschnitt 47,5 Prozent der Stimmen – deutlich weniger als erwartet. Das sind die letzten demokratischen Wahlen für die nächsten 43 Jahre.

20. Juni 1948   **Währungsreform** in den westlichen Besatzungszonen: Hier wird die D-Mark eingeführt. Es ist ein entscheidender Schritt zur Teilung Deutschlands. Drei Tage darauf wird das Geld auch in der sowjetischen Zone umgewandelt, hier heißt es jetzt »Mark der deutschen Notenbank«.

13. Oktober 1948   Der sächsische Bergmann **Adolf Hennecke** haut in einer Sonderschicht fast viermal soviel Kohle, wie eigentlich verlangt. Jeder Arbeiter soll diesem »Aktivisten« nacheifern, die »Aktivistenbewegung« beginnt.

23. Mai 1949   Die drei westlichen Besatzungszonen schließen sich zur **Bundesrepublik Deutschland**, BRD, zusammen.

7. Oktober 1949 In der östlichen, sowjetischen Besatzungszone wird die **Deutsche Demokratische Republik**, DDR, gegründet.

5. November 1949 Die DDR bekommt eine **Nationalhymne**. Sie beginnt so: »Auferstanden aus Ruinen und der Zukunft zugewandt, / laß uns dir zum Guten dienen, Deutschland, einig Vaterland.« Noch hoffen und glauben viele, daß die beiden neuen deutschen Staaten sich bald wiedervereinigen werden. Gut 20 Jahre später wird der Text der Hymne nicht mehr gesungen.

Februar 1950 Gründung des Ministeriums für **Staatssicherheit**, Stasi. Sowjetische Offiziere und Geheimdienstler leiten den Aufbau der Stasi an. Sie soll politische Gegner bespitzeln und bekämpfen, Sabotage in den Betrieben verhindern und Spionage im westlichen Ausland betreiben.

15. Oktober 1950 Erste **Volkskammerwahl** nach dem Prinzip der Einheitswahlliste. Ergebnis: 99,7 Prozent Ja-Stimmen.

1. Januar 1951 Der erste **Fünfjahrplan** tritt in Kraft. Er regelt den Wiederaufbau der zerstörten Industrie, vor allem Energie- und Stahlwerke sollen schnell errichtet werden.

9.–12. Juli 1952 Die SED beschließt den »**planmäßigen Aufbau der Grundlagen des Sozialismus**« in der DDR.

Das ist zwar schon vorher das Ziel der SED gewesen, dieser Beschluß macht es aber für alle klar: Wer etwas anderes als den Sozialismus will, hat in der DDR nichts zu suchen; zu einer Wiedervereinigung mit der Bundesrepublik kann es nur kommen, wenn ganz Deutschland sozialistisch wird.

23. Juli 1952   Die DDR wird in 14 **Bezirke** aufgeteilt, sie werden nach den Bezirksstädten benannt, z. B. Rostock, Potsdam, Leipzig. Die bisherigen Länder, u. a. Brandenburg und Sachsen, werden aufgelöst.

21. Dezember 1952   Der »Deutsche **Fernsehfunk**« beginnt mit der Ausstrahlung von Sendungen. Er wird später umbenannt in »Fernsehen der DDR«.

28. Mai 1953   Die Regierung beschließt, daß die **Arbeitsnormen** in den Betrieben um zehn Prozent erhöht werden: Die Arbeiter sollen mehr arbeiten, aber nicht mehr Geld bekommen.

11. Juni 1953   Die SED gibt den **»Neuen Kurs«** bekannt. Die besonders harte Politik zum schnellen Aufbau des Sozialismus wird abgemildert, Steuer- und Preiserhöhungen werden zurückgenommen, Verhaftungen und Verurteilungen angeblicher Gegner des Sozialismus sollen überprüft werden. Das alles geschieht, nachdem die sowjetische Führung die SED dazu gedrängt hat. Die Unzufriedenheit des Volkes mit der SED-Politik ist offensichtlich.

16./17. Juni 1953   Nach ersten Demonstrationen gegen Normerhöhungen auf Berliner Baustellen kommt es im ganzen Land zum **Volksaufstand** gegen die SED-Herrschaft. Er wird mit Hilfe sowjetischer Soldaten und Panzer niedergeschlagen.

27. März 1955   Erste **Jugendweihen**. Ähnlich wie bei den kirchlichen Konfirmationen werden Jugendliche feierlich für erwachsen erklärt. Statt an Gott sollen sie aber an den Sozialismus glauben.

1. März 1956   Die **Nationale Volksarmee**, NVA, wird gegründet. Kurz zuvor ist in der BRD die Bundeswehr aufgebaut worden. Jetzt haben beide deutsche Staaten wieder Armeen; sie sind Gegner im Kalten Krieg und bereiten sich auf einen heißen Krieg gegeneinander vor. Anfangs sind die Soldaten der NVA Freiwillige, seit 1962 gilt die allgemeine Wehrpflicht. Jeder junge Mann muß 18 Monate lang als Soldat dienen.

1956   **»Entstalinisierung«**: Stalin, der sowjetische Diktator, war drei Jahre zuvor gestorben. Er hatte alles, was er für oppositionell hielt, brutal unterdrücken lassen und war – auch in der DDR – als großer, weiser Führer verehrt worden. Inzwischen wird in der Sowjetunion etwas offener über die Verbrechen gesprochen, die unter Stalin begangen wurden. In der DDR werden seine Bilder abgehängt und Straßen und Plätze, die nach ihm benannt waren, bekommen andere Namen. Innerhalb der SED gehen die Funktionäre nicht mehr ganz so rücksichtslos gegen jene vor, die eine abweichende Meinung vertreten. Über 20 000 politische Häftlinge werden aus Gefängnissen entlassen. Aber weiterhin wird die Opposition verfolgt, wenn auch nicht mehr ganz so brutal wie zuvor.

1. September 1958 Es gibt **zwei neue Schulfächer**: »Produktive Arbeit«, PA, und »Einführung in die Sozialistische Produktion«, ESP. Bei PA arbeiteten die Schüler regelmäßig in Betrieben und sehen, wie schlecht der Sozialismus praktisch funktioniert. Bei ESP lernen sie, wie der Sozialismus theoretisch funktionieren soll.

24. April 1959 Erste **Bitterfelder Kulturkonferenz**: Die SED beschließt: Arbeiter sollen im Sozialismus selbst Theater machen und Bücher schreiben.

1. Oktober 1959 Die DDR bekommt eine eigene, neue **Fahne**: Bisher war es die allgemein deutsche, schwarz-rot-goldene; jetzt kommt das Emblem hinein mit Hammer, Zirkel und Ährenkranz – das sind die Symbole für Arbeiter, Intelligenz und Bauernschaft, für alle »Werktätigen« also.

31. Mai 1960 Die **Kollektivierung der Landwirtschaft** gilt als abgeschlossen: Die allermeisten kleinen Bauernbetriebe haben sich zu größeren zusammengeschlossen, zu den »Landwirtschaftlichen Produktionsgenossenschaften«, LPG. Darin bestellen die Bauern gemeinsam ihre nun viel größeren Felder; Bauern können nicht mehr allein bestimmen, was sie anbauen und welches Vieh sie aufziehen. Auch auf dem Land gilt die Planwirtschaft.

13. August 1961   **Mauerbau** in Berlin: Die Grenze zu den westlichen Sektoren der Stadt wird dicht gemacht, Bauarbeiter beginnen, eine hohe Mauer um West-Berlin herum zu bauen. Damit ist es für DDR-Bürger nicht mehr möglich, einfach in den Westen zu gelangen. Allein in den beiden Wochen vorm 13. August sind fast 50 000 Menschen über die Berliner Sektorengrenze geflüchtet.

14. Dezember 1962   Die Handelsgesellschaft **»Intershop«** wird gegründet. Die DDR braucht Westgeld und richtet deshalb Geschäfte ein, in denen West-Waren für Westgeld verkauft werden. Anfangs sind die Läden nur für West-Besucher und Durchreisende aus dem Westen bestimmt. Seit 1974 durften auch DDR-Bürger Westgeld besitzen und damit in den »Intershops« einkaufen. Die Läden mit den Westwaren waren der beste Beweis dafür, daß die kapitalistische Wirtschaft besser funktionierte als die sozialistische.

24./25. Juni 1963   Die SED führt das **»Neue Ökonomische System der Planung und Leitung«** ein: Betriebe können jetzt mehr selbst bestimmen; anstelle von Parteifunktionären sollen mehr Wissenschaftler wirtschaftliche Entscheidungen fällen. Tatsächlich arbeiten die Betriebe daraufhin effektiver, aber in der SED setzen sich nach einigen Jahren die Gegner des neuen Systems durch – die Funktionäre wollen ihre Macht nicht teilen.

1. Dezember 1965 Der **Zwangsumtausch** wird eingeführt: Westliche Besucher der DDR müssen eine bestimmte
Menge Westmark in DDR-Mark umtauschen, zum Kurs eins
zu eins – obwohl die DDR-Mark weniger wert ist. Anfangs
sind es 5 Mark pro Tag, seit 1980 25 Mark.

15.–18. Dezember 1965 Auf dem 15. Plenum des Zen-
tralkomitees der SED sprechen sich die obersten Funktionäre **gegen eine moderne und kritische Kunst** aus. Filme
werden verboten, kritische Schriftsteller dürfen ihre Bücher nicht mehr veröffentlichen.

6. April 1968 Volksentscheid für die **neue Verfassung**:
Nach einer großen Propagandaaktion stimmen 94 Prozent
der DDR-Bürger für die neue Grundordnung des Staates.
Darin steht zum Beispiel, daß die SED stets die führende
Partei sein muß. Es gibt auch Bestimmungen, nach denen in
der DDR Meinungs- und Versammlungsfreiheit herrschen
soll. Eigentlich müßten Oppositionelle ihre Meinungen vertreten und sich regelmäßig treffen dürfen. Es besteht aber
keine Möglichkeit, diese Rechte einzuklagen.

21. August 1968 Ende des »**Prager Frühlings**«: Im sozialistischen Nachbarland Tschechoslowakei haben die führen-
den Funktionäre begonnen, das System demokratischer zu
gestalten. Die Sowjetunion fürchtet, die Tschechen könnten
zu unabhängig werden und womöglich den Kapitalismus
Stück für Stück wieder einführen. Deshalb muß das Experi-
ment »demokratischer Sozialismus« beendet werden. Die

sowjetische Armee marschiert in die Tschechoslowakei ein, die DDR unterstützt sie dabei. Die tschechische Regierung wird ausgetauscht – gegen eine, die die sowjetischen Vorgaben wieder treu befolgt. Es ist klar: Die Demokratie hat in den sozialistischen Ländern keine Chance. Der »große Bruder« Sowjetunion läßt keine Änderungen des politischen Systems zu.

19. März 1970　Als erster Regierungschef der Bundesrepublik besucht **Willy Brandt** die DDR. Er trifft in Erfurt den Ministerpräsidenten Willi Stoph. Zuschauer der Begegnung rufen: »Willy, Willy!« Die Begeisterung für den West-Gast ist für die DDR-Regierung unangenehm.

31. Januar 1971　Seit 1952 waren die **Telefonleitungen** zwischen der DDR und der Bundesrepublik unterbrochen. Ab jetzt kann wieder telefoniert werden. Die Gespräche können von der Stasi jederzeit abgehört werden. Weil es nicht genug Leitungen gibt, ist es nicht leicht, in den Westen anzurufen.

3. Mai 1971　**Walter Ulbricht** tritt als Parteichef zurück, angeblich »aus Gesundheitsgründen«. Tatsächlich ist die sowjetische Führung mit Ulbrichts Politik nicht einverstanden. Ulbrichts Nachfolger **Erich Honecker** ist gehorsamer. Walter Ulbricht bleibt bis zu seinem Tod 1973 zwar offizielles Staatsoberhaupt, hat aber nichts mehr zu sagen.

15.–19. Juni 1971   Auf dem SED-Parteitag wird eine **neue Sozialpolitik** verkündet. Erich Honecker will, daß es den Menschen möglichst schnell besser geht: Es wird mehr Geld für Kindergärten, Urlaub, Wohnungsbau usw. bereitgestellt.

21. Dezember 1972   Der **»Grundlagenvertrag« zwischen der DDR und der Bundesrepublik** wird unterzeichnet. Darin erkennen sich die beiden deutschen Staaten gegenseitig an und regeln Dinge wie den Grenzverkehr, den Handel und die Entsendung von Journalisten. Das ist ein wichtiger Schritt zur »Entspannung«, der »Kalte Krieg« wird nicht mehr ganz so unerbittlich geführt. Dennoch bleiben die Sozialisten dabei: Eines Tages würden sie über den Kapitalismus des Westens triumphieren.

27. September 1974   Die DDR-Verfassung wird noch einmal geändert. Jetzt ist nicht mehr von einer »deutschen Nation« und vom Ziel der Wiedervereinigung die Rede. Die DDR findet sich nun ganz und gar mit der Teilung ab, es heißt, in der DDR und in der Bundesrepublik lebten nun **zwei Völker, zwei Nationen**.

1. August 1975   Erich Honecker unterzeichnet mit 34 anderen Staatsmännern gemeinsam die **Schlußakte von Helsinki**. Es geht um die Entspannung des Kalten Krieges; das friedliche Nebeneinander von Ost und West wird in dem Vertrag geregelt. Für Oppositionelle in der DDR ist die Anerkennung von Menschenrechten wichtig: Dazu gehören Meinungs- und Versammlungsfreiheit.

16. November 1976 Der Liedermacher **Wolf Biermann** wird ausgesperrt. Seit Jahren durfte er in der DDR nicht mehr öffentlich singen, jetzt befindet er sich auf einer Konzertreise in der Bundesrepublik und darf nicht mehr heimkehren. Bekannte DDR-Künstler protestieren öffentlich, durch das West-Fernsehen und den West-Rundfunk wird Biermann mit seinen kritischen Liedern erst jetzt wirklich berühmt. Die DDR-Opposition hat einen Helden.

26. August 1978 **Sigmund Jähn**, ein Militärpilot der NVA, fliegt mit einer sowjetischen Rakete **ins Weltall**. Er ist der erste Deutsche dort oben. Er wird nicht »Astronaut«, sondern »Kosmonaut« genannt.

13. Dezember 1981 In **Polen**, dem östlichen, sozialistischen Nachbarland, wird das **Kriegsrecht** ausgerufen. Die oppositionelle Gewerkschaft **»Solidarność«** ist zu stark geworden, die Herrschenden wissen sich nicht mehr anders zu helfen. Wieder einmal wird deutlich, daß die sozialistischen Regierungen mit Andersdenkenden nicht diskutieren, sondern sie nur unterdrücken können. Die »Solidarnosc« arbeitet trotzdem weiter.

Frühjahr 1982 Weil die DDR zu wenig Devisen hat, Geld, das auch im Westen gilt, kommt es zu großen **Problemen in der Versorgung**. In den Läden wird unter anderem das Fleisch knapp.

29. Juni 1983   Die DDR kann sich bei westdeutschen Banken eine Milliarde West-Mark leihen, den sogenannten **Milliardenkredit**. Das Geld hilft der DDR über einige Wirtschaftsprobleme hinweg.

25. Oktober 1983   Ankündigung, daß in der DDR sowjetische **Atomraketen** stationiert werden. Schon vorher hatte die Bundesrepublik die Stationierung neuer amerikanischer Atomwaffen beschlossen. Trotz der Entspannung geht das Wettrüsten weiter. Die sozialistischen Länder können sich die teuren, immer neuen Waffen kaum leisten. Daß sie es dennoch tun, beschleunigt ihren wirtschaftlichen Niedergang.

30. November 1984   Die automatischen **Schießanlagen an der Mauer** sind abgebaut worden – ein Zeichen der Entspannung. Aber weiterhin sollen die Grenzsoldaten auf Flüchtlinge schießen.

25. Februar 1986   Der sowjetische Parteichef Michail Gorbatschow verkündet eine neue Politik: **»Glasnost«** und **»Perestroika«**. Er will den Sozialismus retten und spricht deshalb offen über die wirtschaftlichen und politischen Fehler. Die Sowjetunion soll demokratischer werden, die Betriebe sollen besser wirtschaften. Das ist der Anfang vom Ende des staatssozialistischen Systems. Die DDR-Regierung tut so, als ginge es allein um sowjetische Probleme.

7.–11. September 1987 **Erich Honecker darf in den Westen** reisen. Für den Staats- und Parteichef ist das ein großer Moment: Die westdeutsche Regierung zeigt mit ihrer Einladung, daß sie ihn als wichtigsten Vertreter der DDR anerkennt, er darf neben dem Bundeskanzler Helmut Kohl über den roten Teppich laufen, eine Bundeswehrkapelle spielt die Nationalhymne der DDR. Wer im Westen jetzt noch von der Wiedervereinigung spricht, gilt als Träumer oder als »Kalter Krieger«.

November 1987 In Berlin werden **sieben Oppositionelle verhaftet,** Mitglieder der kirchlichen »Umweltbibliothek«. Dagegen protestieren unerwartet viele Leute, vor der Zionskirche in Prenzlauer Berg gibt es eine Mahnwache, das Westfernsehen berichtet. Nach ein paar Tagen werden die Verhafteten wieder freigelassen. Die SED wollte Härte zeigen und einschüchtern und hat das Gegenteil erreicht.

November 1988 **»Sputnik-Verbot«.** Die sowjetische Monatszeitschrift in deutscher Sprache hat kritische Artikel über den Sozialismus veröffentlicht. Sie darf in der DDR nicht mehr verkauft werden. Für die SED-Führung ist nicht mehr alles wahr und gut, was aus der Sowjetunion kommt.

2. Mai 1989 Das sozialistische **Ungarn beginnt, seine Grenze zum Westen zu öffnen.** Tausende DDR-Bürger reisen im Sommer nach Ungarn – das ist erlaubt – und gelangen von dort in den Westen.

7. Mai 1989 **Kommunalwahl**, eigentlich eine ganz normale DDR-Wahl mit den üblichen 98 bis 99 Prozent »Ja«-Stimmen. Diesmal aber überprüfen Oppositionelle die Abstimmung und beweisen, daß die Zahlen gefälscht wurden.

September/Oktober 1989 **Oppositionelle Vereinigungen** werden gegründet: das »Neue Forum«, »Demokratie jetzt«, die »Sozialdemokratische Partei« SDP, der »Demokratische Aufbruch«. Unter den Gründern sind besonders viele Mitglieder der evangelisch-kirchlichen Opposition.

30. September 1989 Die **»Botschaftsflüchtlinge«** in Prag dürfen in den Westen. Tausende DDR-Bürger haben die Botschaften der BRD in Warschau, Budapest und Prag besetzt, um von hier in den Westen zu gelangen. In den Botschaftsgärten sind Flüchtlingslager entstanden. Die westdeutsche Regierung verhandelt mit der Regierung der DDR, bis nach Wochen die Menschen in die Freiheit dürfen. Vom 3. Oktober an dürfen DDR-Bürger nicht mehr ohne weiteres in die Tschechoslowakei reisen.

2. Oktober 1989 Erste sehr große **Montagsdemonstration** in Leipzig. Etwa 15 000 Menschen gehen auf die Straße. Erstmals rufen Demonstranten: »Wir sind das Volk!«

7. Oktober 1989 Die DDR-Führung feiert im Berliner Palast der Republik den **40. Geburtstag** des Landes. Währenddessen kommt es in Berlin Mitte und Prenzlauer Berg zu **Demonstrationen**. Viele rufen »Gorbi, Gorbi!« – sie meinen den sowjetischen Parteichef Gorbatschow, der die Feierlichkeiten besucht und als großer Demokratisierer gilt. Polizisten knüppeln Demonstranten nieder und verhaften etwa 1000 von ihnen.

9. Oktober 1989   Zur Leipziger Montagsdemonstration kommen etwa 70 000 Menschen. Ihnen stehen 8000 bewaffnete Polizisten und Soldaten gegenüber – die sich jedoch ruhig verhalten. Der Abend ist der wohl wichtigste **Wendepunkt der friedlichen Revolution**.

17./18. Oktober 1989   Erich Honecker wird von seinen Funktionärskollegen im Politbüro zum Rücktritt gezwungen, sein Nachfolger Egon Krenz spricht in seiner Fernsehansprache von einer **»Wende«** in der Politik. Da er aber schon lange zur obersten SED-Führung gehört, glaubt ihm kaum jemand: So einer ist zu einer echten Wende gar nicht fähig.

4. November 1989   **Die größte Demonstration** des Revolutionsherbsts findet auf dem Berliner Alexanderplatz statt: Etwa eine halbe Million Menschen demonstrieren für Demokratie. Auch in anderen Städten demonstrieren Zehntausende.

7./8. November 1989   Die Regierung der DDR und das Politbüro der SED, die Führungsspitze, treten zurück.

9. November 1989 **Mauerfall:** Einem neuen Gesetz zufolge dürfen alle DDR-Bürger in den Westen reisen. Günter Schabowski, ein hoher SED-Funktionär, soll es den Journalisten erklären, und er irrt sich, als er sagt, daß das Gesetz *sofort* in Kraft trete. Tausende Ost-Berliner laufen zu den Grenzübergangsstellen. Dort öffnen gegen 21 Uhr 30 die ersten Grenzsoldaten die Tore.

13. November 1989 **Hans Modrow** wird der letzte SED-Regierungschef, doch er kann nur wenig bestimmen. Die wichtigsten Entscheidungen werden in den kommenden Monaten von der westdeutschen Regierung getroffen.

Dezember 1989 Auf Montagsdemonstrationen rufen immer mehr Menschen: **»Wir sind ein Volk!«**, schwarz-rot-goldene Deutschlandfahnen werden geschwenkt. Viele Demonstranten fordern jetzt die schnelle Wiedervereinigung mit der Bundesrepublik.

7. Dezember 1989 Erste Sitzung des **Runden Tisches**. Weil es noch kein frei gewähltes Parlament gibt, versammeln sich hier Vertreter der oppositionellen Parteien mit Staatsfunktionären und beraten die Veränderungen im Land.

15. Januar 1990 Tausende Demonstranten erstürmen die **Stasi-Zentrale** in Berlin. Sie wollen an die Spitzel-Akten, die die Geheimpolizei über das Volk angelegt hat. Tatsächlich sind Stasi-Leute seit Wochen dabei, die brisantesten Aufzeichnungen zu beseitigen.

18. März 1990   Die ersten und auch die letzten **freien Wahlen** zur Volkskammer, dem DDR-Parlament: Es siegt die »Allianz für Deutschland«, ein Parteienbündnis, das für die schnelle Angliederung der DDR an die Bundesrepublik eintritt. Die SED-Nachfolgepartei PDS erhält 26,4 Prozent, die DDR-Oppositionellen vom »Bündnis 90« bekommen 2,9 Prozent der Stimmen.

1. Juli 1990   **Währungsunion:** Ab jetzt gilt auch in der DDR die D-Mark, Ost-Mark wird in West-Mark umgetauscht. Jetzt kann sich jeder aussuchen, ob er lieber Ost- oder Westprodukte kaufen will, in den Läden gibt es beides. Für die Käufer ist das wunderbar, für die DDR-Betriebe nicht. Die meisten von ihnen sind der westlichen Konkurrenz nicht gewachsen.

31. August 1990   DDR und Bundesrepublik unterzeichnen den **Einigungsvertrag.** Danach wird die DDR der Bundesrepublik beitreten. Es wird keine neue Verfassung für ein neues Deutschland geben, das westdeutsche Grundgesetz soll in ganz Deutschland gelten.

12. September 1990   Der **Zwei-plus-Vier-Vertrag** wird in Moskau unterzeichnet: Die Siegermächte des Zweiten Weltkrieges erklären sich nach langen Verhandlungen mit der deutschen Wiedervereinigung einverstanden. Damit endet offiziell die Nachkriegszeit, denn die Deutschen können jetzt wieder über ihren Staat ganz allein entscheiden.

3. Oktober 1990 **Wiedervereinigung**. Die DDR gibt es nicht mehr, die Bundesrepublik Deutschland ist um fünf Bundesländer größer: Mecklenburg-Vorpommern, Brandenburg, Sachsen-Anhalt, Sachsen und Thüringen. Auch Ost- und West-Berlin gehören wieder zusammen: Die Mauer ist an den wichtigsten Stellen bereits abgebaut worden, die »Grenzübergangsstellen« sind verschwunden. Touristen können kleine Betonstücke aus der Mauer kaufen. Weil bunte Steine mehr Geld bringen als graue, bemalen viele Händler ihre Mauerteile vor dem Verkauf. So grau die DDR auch war, in der Erinnerung wird sie schon jetzt bunt gefärbt.

Gute Bücher über die DDR

Michael Beleites: Untergrund. Ein Konflikt mit der Stasi in der Uran-Provinz, Basisdruck 1999, 277 Seiten, leider nur noch antiquarisch.

Der Autor beschreibt, wie er zum Staatsfeind wurde. Er zitiert aus seiner Stasi-Akte, er läßt Stasi-Offiziere und IMs, die ihn beobachtet haben, zu Wort kommen, ebenso wie Freunde aus der Opposition. Ein sachliches, lehrreiches Buch über Verrat und Treue, Feigheit und Mut.

Wolfgang Engler: Die Ostdeutschen. Kunde von einem verlorenen Land, Aufbau Taschenbuch, 350 Seiten, 9,50 Euro.

Ein kluges Buch, das erklärt, wie und warum sich die ostdeutsche Gesellschaft so speziell entwickelte.

Matthias Judt (Hrsg.): DDR-Geschichte in Dokumenten, Schriftenreihe der Bundeszentrale für politische Bildung Band 350, Bonn 1998, 639 Seiten.

Sammlung interessanter Originaltexte aus der DDR, u. a. Anweisungen für Funktionäre, Gesetzestexte, Literaturauszüge, Aufzeichnungen Oppositioneller.

Ilko-Sascha Kowalczuk und Tom Sello: Für ein freies Land mit freien Menschen. Opposition und Widerstand in Biografien und Fotos, Robert-Havemann-Gesellschaft 2006, 404 Seiten, 25,– Euro.

Viele unterschiedliche Lebensbeschreibungen Oppositioneller vom Anfang der DDR bis zu ihrem Ende, mit vielen Fotos – sehr informativ.

Ulrich Plenzdorf, Rüdiger Dammann (Hg.): Ein Land, genannt die DDR, S. Fischer Verlag 2005, 204 Seiten, 19,90 Euro.

Acht Autoren schreiben sehr Unterschiedliches über die DDR: Eine Mischung aus Erinnerungs- und Geschichtsbuch, zum Teil für junge Leser.

Landolf Scherzer, Der Erste, Aufbau Taschenbuch, 240 Seiten, 8,50 Euro.

Das Buch erschien 1988 in der DDR, es ist eine Reportage über Leben und Arbeit des SED-Funktionärs Hans-Dieter Fritschler. Damals war das Buch in seiner Offenheit eine Sensation, heute ist es ein gut zu lesendes Zeitdokument: Es handelt von einem, der den Sozialismus will, scheinbar mächtig ist und kaum etwas erreichen kann.

Stefan Wolle: Die heile Welt der Diktatur, Schriftenreihe der Bundeszentrale für politische Bildung Band 349, Bonn 1999, 423 Seiten.

Gut geschriebene, vielseitige Darstellung von Alltag und Diktatur in der Honecker-Zeit.

Stefan Wolle, DDR, Reihe Fischer Kompakt, Fischer Taschenbuch 2004, 127 Seiten, 8,90 Euro.

*Eine knappe Zusammenfassung der DDR-Geschichte, infor-
mativ, sachlich und übersichtlich.*

Dank

Für geduldiges Lesen und deutliche Worte danke ich Tina Kemnitz, Michael Kardaetz, Christian Mileta, Martin Jankowski – und ganz besonders der beharrlichen Annette Seybold-Krüger. Für seine wunderbaren Fotos danke ich Harald Hauswald, für andere, nicht minder wunderbare Bilder Robert Voss – ach, schade! Für die Einführung ins Leben in der DDR danke ich meinen Eltern, die mich ausgelacht haben, als ich mit sieben Jahren Agitator bei den Pionieren wurde.

Bildnachweis

Archiv für Kunst und Geschichte: Seite 35
Corbis: Seite 27
Harald Hauswald: Seite 17, 51, 53, 64, 72, 83, 124, 129, 149, 162, 169, 172, 183

Alle anderen Fotos entstammen dem Privatbesitz des Autors.

Jakob Hein

Antrag auf ständige Ausreise

Mythen der DDR. 160 Seiten mit 30 Illustrationen von Atak.
Piper Taschenbuch

Erich Honecker wollte seine sozialistische Heimat in Richtung Westen verlassen und soll dazu einen förmlichen Ausreiseantrag gestellt haben? Im legendären Transitabkommen hat es eine teuflische Geheimklausel gegeben, nach der die DDR westdeutsche Kinder bei Verlassen der Transitautobahn automatisch zur Adoption freigeben durfte? Die Geschichte der Deutsche Demokratischen Republik steckt voller unglaublicher Geschichten – die unerhörtesten davon versammelt der Schriftsteller und gebürtige Leipziger Jakob Hein in diesem Buch!

»Das ist ein Schreiben, das auf der Achse Robert Gernhardt, Eckhard Henscheid, Max Goldt liegt.«
Tagesanzeiger

Das DDR-Sammelsurium

Herausgegeben von Franziska Kleiner. 192 Seiten mit zahlreichen Abbildungen. Piper Taschenbuch

Hätten Sie (noch) gewußt, was für Zigarettenmarken man in der DDR kaufen konnte? Oder wann die erste Broiler-Gaststätte eröffnet wurde? Wie die Gebote der Jungpioniere lauteten? Welcher Orden wofür verliehen wurde? In dieser wunderbar absurden Sammlung finden Sie all das und noch viel mehr – jede Menge erstaunliche Fakten, überraschende Erkenntnisse und nutzloses Wissen über die Deutsche Demokratische Republik.

»Dieses Büchlein übertrifft alle bisherigen Sammelsurien. So viele bizarre Fakten über die DDR finden sich nirgendwo sonst. Amüsante und absurde Andenkenstücke.«
Sächsische Zeitung

05/2153/02/L

05/2272/02/R